Urheber ABC
für Komponisten
Musikbearbeiter
Textdichter

Verlag Böckel
Glinde

ISBN-Nr. 3-923793-10-3
Herausgeber: IDK, Interessenverband
　　　　　　Deutscher Komponisten
Idee und Redaktion: Gustav und Maria Kneip
Umschlag: Idee – Diether de la Motte
　　　　　Ausführung – Marion Böckel
Herstellung und Vertrieb: Verlag Hans-Jürgen Böckel,
　　　　　　　　　　　　Beim Zeugamt 4, 2056 Glinde
　　　　　　　　　　　　Telefon (040) 711 10 06
© Verlag Hans-Jürgen Böckel, Glinde
Druck und buchbinderische
Verarbeitung: Clausen & Bosse, Leck
Eine Garantie für Vollständigkeit kann nicht übernommen werden, anstehende Ergänzungen werden in der nächsten Ausgabe berücksichtigt.
2. stark erweiterte Auflage, Januar 1990

IDK – Interessenverband Deutscher Komponisten

Gustav Kneip

URHEBER-ABC
für
Komponisten
Musikbearbeiter
Textdichter

– 2. stark erweiterte Auflage –

VERLAG HANS-JÜRGEN BÖCKEL, GLINDE

RICHARD STRAUSS,

DEM MITBEGRÜNDER

DER ERSTEN ANSTALT

FÜR

MUSIKALISCHE AUFFÜHRUNGSRECHTE

IN DANKBARKEIT UND VEREHRUNG.

Vorwort zur 1. Auflage

Den Anstoß zur Entstehung dieser Informationsschrift „URHEBER ABC" gaben unsere Mitglieder selbst, denn eine Unmenge von Anfragen gehen beim IDK monatlich ein: dies alles nur, weil das Gefüge der GEMA-Regelungen für viele unverständlich erscheint.

Der IDK hat es sich sofort nach seiner 1977 erfolgten Gründung zur Hauptaufgabe gemacht, seinen Mitgliedern beratend zur Seite zu stehen. Vielen konnte geholfen werden; falsche Einstufungen bei der Mitgliedschaft zur GEMA etc. wurden revidiert und somit mögliche Nachteile für die Zukunft verhindert.

Immer wieder wurde vorgeschlagen, der IDK möge doch einen leicht verständlichen Wegweiser erarbeiten.

Ein solches Vorhaben zu realisieren fiel nicht leicht. Zu sehr war man sich der zu bewältigenden Schwierigkeiten bewußt. Wer wollte und konnte sich einer solchen Aufgabe stellen, die eine zeitraubende Beschäftigung und idealistische Einstellung verlangte?

Der Generaldirektor der GEMA, Prof. Dr. h.c. Erich Schulze erfuhr von unserem Plan. Er war der Ansicht, daß eine solche Informationsschrift eine Lücke schließen könne.

Die Arbeit an der so vielfältigen Problematik konnte nun nach fünfzehnmonatigem Einsatz zum Abschluß gebracht werden. Sicherlich werden Vorschläge, die Fehlendes ergänzen können, noch auf uns zukommen. Dafür wären wir den Lesern sehr dankbar. Wir haben vor, in einer Neuauflage diese Vorschläge zu berücksichtigen.

Wie festzustellen ist, sind nicht nur GEMA-Angelegenheiten, sondern auch sonstige, die Autoren interessierende Fragen behandelt worden.

Seinen Kollegen Franz Josef Breuer, Alfred Hause, Lutz Kuessner, Prof. Dr. Norbert Linke, Prof. Diether de la Motte und Wolfram Tichy möchte der Verfasser für ihre tatkräftige und hilfreiche Mitarbeit seinen herzlichsten Dank aussprechen.

Wir alle waren uneigennützig tätig und sähen unseren uns selbst gestellten Auftrag erfüllt, wenn mit diesem „URHEBER ABC" unseren Kollegen in allen wichtigen Fragen eine annähernd erschöpfende Information zuteil würde.

Gustav Kneip

Oktober 1981

Vorwort zur 2. Auflage

Im Inhaltsverzeichnis können Sie sehen, daß der Umfang des Buches gegenüber der 1. Auflage (Oktober 1981) erheblich vergrößert wurde. Außer beträchtlichen Änderungen in den GEMA-Statuten bin ich auch vielen Wünschen von Kollegen nachgekommen, die eine ausführlichere Behandlung der schwierigen Materie wünschten.

Neu hinzugekommen ist die KÜNSTLERSOZIALVERSICHERUNG (KSK Nr. 144-173), die für alle Freischaffenden äußerst wichtig ist, da sie im Alter eine Rente gewährleistet. Diese Abhandlung wurde mit den leitenden Herren Frank Sölter und Horst Knievel zusammen erarbeitet, wofür ich den Herren sehr dankbar bin.

Des weiteren erfährt der Leser Einzelheiten über die Struktur der GVL (Nr. 123-130) sowie der VG Wort (Nr. 312-319).

Steuerhinweise, Ratschläge für Musikverlagsverträge, Vergütungen für musikdramatische Werke und Leihmaterialgebühr, Verrechnung von regionalen Rundfunk- und Fernsehsendungen finden Sie ebenso wie die Anschriften der öffentlich-rechtlichen Rundfunk- und Fernsehanstalten und auch die der privaten Sender mit größerer Reichweite.

Abschließend bedanke ich mich auch bei den Herren GEMA-Direktoren Dr. Michael Karbaum (Musikwissenschaft und Information) und Burghard Weißhuhn (Dokumentation) für ihre tatkräftige Unterstützung bei der Ermittlung wichtiger Informationen.

Gustav Kneip

November 1989

EINFÜHRUNG

Die GEMA-Statuten umfassen insgesamt 569 Paragraphen, einschließlich der vielen Unterteilungen. Es gibt neben dem Berechtigungsvertrag, der Satzung und dem Verteilungsplan mehr als 10 Geschäftsordnungen der verschiedenen Bereiche in Einzelveröffentlichungen.

Nach der Sichtung und dem Studium dieses umfangreichen Materials empfahl es sich, wesentliche Themen in Gruppen einzugliedern, unwichtiges und verwirrendes Beiwerk fortzulassen, um nicht in Nebensächlichkeiten zu ersticken (→ Inhaltsverzeichnis).

Über 360 Stichwörter bilden den Grundstock, erweitert durch ein ergänzendes Sachwortregister von mehr als 700 Namen. (→ Anhang). Zudem ist unter jedem Stichwort, sofern es GEMA-Fragen oder andere Bereiche betrifft, eine Quellenangabe verzeichnet, die ggf. nachgelesen werden kann. Fehlt die Quellenangabe, so stammen die Beiträge vom Verfasser. Unter einem Stichwort können auch mehrere Sachbegriffe enthalten sein.

Beispiel: **Programmverwertung** (Nr. 240)
 1. Keine Abrechnung von Programmen (Nr. 204,1)
 2. Kur- und Bäderveranstaltungen (Nr. 240,2)
 3. Einseitige Bevorzugung von Bezugsberechtigten, keine Verrechnung (Nr. 240,3)
 4. Verrechnung im nachfolgenden Jahr (Nr. 240,4)

Des besseren Verstehens wegen sei auf nachstehende Stichwörterfolge

„VON DER WERKANMELDUNG BIS ZUR AUSZAHLUNG"

hingewiesen:

Anmeldung eines Werkes/Nr. 14, 175, 248
Anmeldung eines Werkes durch den Verleger/Nr. 322
Einstufung eines Werkes durch den Werkausschuß/Nr. 323, 62
Registrierung durch die GEMA-Verwaltung/Nr. 324, 325, 94
Anteil des an dem Werk beteiligten Bezugsberechtigten/Nr. 17
Aufteilung der Ausschüttungen im Aufführungs- und Senderecht/Nr. 18
Ermittlung der Abrechnungsziffern der Werke/Nr. 74
Ermittlung von Aufführungen von Tonrundfunk- und Fernsehsendungen/Nr. 76-87
Verrechnung der einzelnen Sparten/Nr. 284
Verrechnung, Art und Weise/Nr. 286-294
Verrechnungsschlüssel
  für E-Werke in Verbindung mit Rundfunk/Nr. 295
  für U-Werke in Verbindung mit Rundfunk/Nr. 296

für elektronische Musik (etc.)/Nr. 297
Nettoeinzelverrechnung/Nr. 298, 299
Verrechnung für Aufführungen mittels mechanischer
Vorrichtungen/Nr. 299, 301
Verrechnung Fernsehen (Tonsignete etc.)/Nr. 302
Verrechnung Tonfilm/Nr. 305
Zahlungstermine der GEMA/Nr. 362
Konto-Auszug (Abkürzungen)/Nr. 141, 142

Wußten Sie schon, (erweitert)

daß es drei verschiedene Einspruchsfristen bei Reklamationen gibt? (Nr. 60)

daß es bei Einnahmen des mechanischen Vervielfältigungsrechtes (VR) keine Wertungs- und Alterssicherungsbeteiligung gibt? (Nr. 358)

daß bei Mindereinnahmen (Nr. 196) oder Mißbrauch der GEMA-Satzung etc. die ordentliche Mitgliedschaft gekündigt werden kann? (Nr. 197)

daß die GEMA-Stiftung (Nr. 118) ggf. bedürftige Autoren unterstützen, Kompositionspreise verleihen oder Ausbildungsbeihilfen gewähren kann?

daß unter bestimmten Bedingungen ein GEMA-Mitglied einen Barkredit erhalten kann? (Nr. 52)

daß Autoren, die auch als Interpreten tätig sind, durch die GVL Zuwendungen erhalten können? (Nr. 123 ff)

daß es ratsam ist, gegen geringes Entgelt Einzelaufstellungen durch Dauerauftrag von der GEMA-Verwaltung anzufordern, damit das Mitglied eine Kontrollmöglichkeit hat? (Nr. 62)

daß ohne eine fünfjährige **außerordentliche** Mitgliedschaft die **ordentliche** GEMA-Migliedschaft nicht erworben werden kann? (Nr. 187, 189)

daß jedes Mitglied – gemäß Berechtigungsvertrag – verpflichtet ist, bei der GEMA alle schutzwürdigen und aufgeführten Werke anzumelden? Im Unterlassungsfall können wichtige Mitgliederrechte aberkannt werden! (Nr. 180)

daß Autoren, die musikschriftstellerisch tätig sind, auch bei VG-Wort Zuwendungen erhalten können? (→ 312)

daß im Verteilungsplan der GEMA bei Filmmusik kein Unterschied zwischen E- und U-Musik besteht? (Nr. 267)

daß die Selbstaufführung seiner Werke bei einem Komponisten weder nach der Satzung noch nach dem Verteilungsplan eine mißbräuchliche Ausnutzung des GEMA-Verteilungsplanes bedeuten?

daß von der GEMA **Umsatzsteuer** nur gezahlt wird, wenn man ihr meldet, daß man umsatzsteuerpflichtig ist?

daß auch außerordentlichen oder angeschlossenen Mitgliedern in Fällen von Not und Krankheit auf Antrag eine Unterstützung durch die GEMA-Sozialkasse gewährt werden kann? Die Höhe der Leistung liegt im Ermessen des Kuratoriums. (Nr. 110 § 7 [4b])

daß für die Vertonung eines geschützten Textes seit 1966 die Erlaubnis des Verlages bzw. des Textautors eingeholt werden muß? (Nr. 309)

daß die ordentliche Mitgliedschaft nach Erfüllung der Voraussetzungen beantragt werden muß? (Nr. 187)

daß auch die außerordentliche Mitgliedschaft beantragt werden muß. Bei Nichtbeachtung dieser Vorschrift gilt der Autor als angeschlossenes Mitglied. (Nr. 184)

daß wenn beim Erwerb der außerordentlichen Mitgliedschaft festgestellt wird, daß die Voraussetzungen schon zu einem früheren Zeitpunkt erfüllt waren, diese Zeit auf die Fünfjahresfrist nach § 7, 2 der Satzung angerechnet wird?

daß in der Bundesrepublik Deutschland jährlich 20 Millionen Eintrittskarten für Konzerte oder Musiktheater gekauft werden? Vergleichsweise brachten es die Bundesfußball-Ligen nur auf 7,5 Milllionen.

daß Guthaben bei der AWA (DDR) 1:1 verrechnet werden? (Nr. 29)

Dies sind nur einige Fragen, die zu wissen, von Bedeutung sein können!

Nach der Lektüre dieses Ratgebers wird jeder Leser davon überzeugt sein, daß zur Wahrung der Interessen aller Autoren eine solche Informationsschrift notwendig war.

G.K.

Inhaltsverzeichnis

Vorwort zur 1. Auflage
Vorwort zur 2. Auflage
Einführung
Wußten Sie schon?
Sachregister mit Stichwortnummern

A

Abkürzungen, allgemeine .... Nr. 1
Absetzbare Beträge aus Kontoauszügen der GEMA bei
  der Einkommensteuererklärung .... Nr. 2
Aleatorik .... Nr. 3
Alterssicherung .... Nr. 4
   E-Komponisten .... Nr. 5
   E-Textdichter .... Nr. 6
   Sparte U-Musik .... Nr. 7
   Aufkommenspunkte aus E- und U-Musik gemeinsam .. Nr. 8
   Höhe des Punktwertes in den Sparten E und U verschieden Nr. 9
   Höhe des Punktwertes E-Komponisten, E-Textdichter . Nr. 10
   Höhe des Punktwertes U-Komponisten, U-Textdichter . Nr. 11
   Beispiele der Errechnung .... Nr. 12
Änderung eines Werkes .... Nr. 13
Anmeldung von Werken .... Nr. 14
Anonyme Werke .... Nr. 15
Anregung – Werkidee .... Nr. 16
Anteile der am Werk beteiligten Bezugsberechtigten ... Nr. 17
Aufführungs- und Senderecht
   Aufteilung der Ausschüttungen .... Nr. 18
Aufsichtsrat der GEMA
   Aufsichtsratswahl, Voraussetzung .... Nr. 19
      Ablehnung der Wahl eines Aufsichtsratsmitgliedes
      durch eine andere Berufsgruppe (Kurie) .... Nr. 20
   Zusammensetzung .... Nr. 21
   Aufgaben und Befugnisse .... Nr. 22
   Amtsdauer .... Nr. 23
Aufteilung in der Rundfunkabrechnung .... Nr. 24
Aufwendungen für kulturelle und soziale Zwecke .... Nr. 25
Ausländische Autoren haben Anspruch auf
   Inländerbehandlung .... Nr. 26

Ausländische Verwertungsgesellschaften (Auswahl) .... Nr. 27
Auswendig musizieren .... Nr. 28
AWA .... Nr. 29

B

Bäderveranstaltungen .... Nr. 30
Bearbeiter
    Bearbeitungen, eigenschöpferische .... Nr. 31
    Bearbeiteranteile bei geschützten Originalwerken
    der Unterhaltungsmusik .... Nr. 32
    Bearbeitungen freier Werke im E- und U-Bereich ...... Nr. 33
    Bearbeitung, Werkauskunft .... Nr. 34
    Transponieren, Umschreiben, keine Beteiligung
    am Verteilungsplan .... Nr. 35
    Einführung des Schätzungsverfahrens .... Nr. 36
    Geschäftsordnung für das Schätzungsverfahren
    der Bearbeiter .... Nr. 37
    Beteiligung am Schätzungsverfahren .... Nr. 38
    Jahre der Beteiligung am Schätzungsverfahren   Nr. 39
    Keine Beteiligung am Schätzungsverfahren .... Nr. 40
    Zuweisungen nach 15 Geschäftsjahren der Beteiligung
    am Schätzungsverfahren .... Nr. 41
    Spezialbearbeitungen .... Nr. 42
    Bewertung des Gesamtschaffens eines Bearbeiters ..... Nr. 43
Beiträge zu Sammlungen, begrenztes Nutzungsrecht .... Nr. 44
Berufsgruppe bei der GEMA = Kurie
Berufsgruppenzugehörigkeit .... Nr. 45
Beschwerdeausschuß .... Nr. 46
Beteiligungsquoten der Berufsgruppen am GEMA-Repertoire Nr. 47
Beteiligungsverhältnis / Aufkommen 1987 .... Nr. 48
Bibliothekstantieme, Beteiligungsverhältnis .... Nr. 49

C

Chansons, höhere Einstufung auf Antrag .... Nr. 50
CISAC .... Nr. 51

D

Darlehen von der GEMA .... Nr. 52
Dauer des Urheberrechts in der Bundesrepublik Deutschland Nr. 53

Deutsche Fassungen ausländischer Texte im deutschen
    Rundfunk .... Nr. 54
Deutsche Welle, Verrechnung .... Nr. 55
Druckbearbeiter, Anspruch auf Beteiligung .... Nr. 56
Drucklegung, Unterlassung.............................. Nr. 57

E

Ehrenmitglied der GEMA .... Nr. 58
Eigene Konzerte von GEMA-Mitgliedern .... Nr. 59
Einspruchsfristen bei Abrechnungen und Entscheidungen
    des Aufsichtsrates und der Ausschüsse   Nr. 60
Einspruch bei falscher Werkregistrierung................... Nr. 61
Einzelaufstellungen der Werke........................... Nr. 62
    Berechnung der Kosten .... Nr. 63
Elektronische Musik .... Nr. 64
Entlastung des Vorstandes und des Aufsichtsrates .... Nr. 65
Erben des Urhebers
    Vererbung des Urheberrechts .... Nr. 66
    Rechtsnachfolger des Urhebers...................... Nr. 67
    Nachweis der Erbberechtigung .... Nr. 68
    Vererbung der Alterssicherung .... Nr. 69
    Vererbung der Bearbeiterschätzung .... Nr. 70
    Vererbung des Wertungsanteiles E-Musik   Nr. 71
    Vererbung des Wertungsanteiles U-Musik   Nr. 72
    Vererbung des Wertungsanteiles Textdichter .... Nr. 73
Ermittlung der Abrechnungsziffern der Werke .... Nr. 74
Ermittlung der von Musikverwertern nicht gemeldeten Werke Nr. 75
Ermittlung von Aufführungen im Ton- und Fernsehrundfunk Nr. 76
    Regionale, subregionale- und Stadtsender   Nr. 77
    Besonderheiten einzelner Sender .... Nr. 78
    Bayerischer Rundfunk .... Nr. 79
    Süddeutscher Rundfunk............................ Nr. 80
    Südwestfunk .... Nr. 81
    Hessischer Rundfunk .... Nr. 82
    Westdeutscher Rundfunk .... Nr. 83
    Norddeutscher Rundfunk........................... Nr. 84
    Fernsehen (gesamter Sendebereich) .... Nr. 85
    Landesfunkanstalt (FS)............................ Nr. 86
    Subregionalsendungen (FS)......................... Nr. 87
    Rundfunk- u. Fernsehsendungen, private, Verrechnung Nr. 87

Evergreens der Tanzmusik und Standardwerke der
    Unterhaltungsmusik .... Nr. 88
Förderungspreise und Stipendien steuerfrei? .... Nr. 89
Freie Benutzung .... Nr. 90
Funktionelle Musik .... Nr. 91

G

Gastwirtshaftung .... Nr. 92
GEMA-Besuchszeiten .... Nr. 93
GEMA-Datenbank-System .... Nr. 94
GEMA-Organisationsplan
    Berlin .... Nr. 95
    München .... Nr. 96
    Vertretung Bonn .... Nr. 97
GEMA-Bezirksdirektionen und Außenstellen.............. Nr. 98
GEMA-Ehrenring .... Nr. 99
GEMA-Geschäftsordnungen (auszugsweise) .... Nr. 100
GEMA-Satzung... Nr. 101
GEMA-Sozialkasse, Inanspruchnahme.................... Nr. 102
    Beschluß, eine Sozialkasse ins Leben zu rufen .... Nr. 103
    Satzungsthemen..................................... Nr. 104
    Leistungen.. Nr. 105
    Aufbau der Kasse................................... Nr. 106
    Verteilung der Mittel............................... Nr. 107
    Voraussetzung für einmalige oder wiederkehrende
    Leistungen... Nr. 108
    Voraussetzung für Zahlung eines Sterbegeldes .... Nr. 109
    Voraussetzung für einmalige oder wiederkehrende
    Leistungen an die Witwe oder an
    minderjährige Waisenkinder .... Nr. 110
    Höhe der wiederkehrenden Leistungen
    für das Mitglied .... Nr. 111
    für die Witwe .... Nr. 112
    Höhe des Sterbegeldes .... Nr. 113
    Höhe der einmaligen Leistungen .... Nr. 114
    Beginn und Beendigung von Leistungen .... Nr. 115
    Beitrag zur Krankenversicherung .... Nr. 116
    Erläuterungen und Beispiele .... Nr. 117
GEMA-Stiftung... Nr. 118
GEMA-Versammlungsordnung, Kurienversammlung ...... Nr. 119

GEMA-Hauptversammlung .... Nr. 120
Generalbaßaussetzungen .... Nr. 121
Geschlossene Veranstaltung .... Nr. 122
Gesellschaft zur Verwertung von Leistungsschutzrechten (GVL)
    Gründung .... Nr. 123
    Zahl der Berechtigten .... Nr. 124
    Jährliche Ausschüttung .... Nr. 125
    Inkasso .... Nr. 126
    Entgelte .... Nr. 127
    Höhe der Ausschüttungen .... Nr. 128
    Zuwendung für ältere Künstler .... Nr. 129
    Schutzfrist .... Nr. 130
Gleichheit bürgerlicher Namen .... Nr. 131
Große Rechte .... Nr. 132

I

Interessenverband Deutscher Komponisten IDK .... Nr. 133
    Gründung
    Verbandszeitschrift
    Ausspracheforum
    Geheime Vorstandswahl
    Europäische Komponistensymposien
    Stiftung des Theodor-Berger-Publikumspreises
    Juristische Beratung
    Repräsentanten in allen Bundesländern

K

Kadenz .... Nr. 134
Klavierauszüge .... Nr. 135
Kleine Rechte .... Nr. 136
Kommissionsabzug im mechanischen Vervielfältigungsrecht Nr. 137
Komponisten als Interpreten eigener Werke .... Nr. 138
Kompositionspreise, einkommensteuerpflichtig? .... Nr. 139
Kompositions-Wettbewerbe Bundesrepublik (Auswahl) ... Nr. 140
Kontoauszug .... Nr. 141
Kontoauszug – Erklärung der Abkürzungen .... Nr. 142
Kreditaufnahme bei der GEMA .... Nr. 143
    (Nr. 52)
Kündigung des Berechtigungsvertrages der GEMA .... Nr. 144

Künstlersozialversicherung .... Nr. 145
Zielsetzung:
Finanzierung .... Nr. 146
Zuständige Leistungsträger .... Nr. 147
Künstler im musikalischen Bereich .... Nr. 148
Voraussetzung der Versicherungspflicht .... Nr. 149
Mindestgrenze des Arbeitseinkommens aus
selbständiger Tätigkeit .... Nr. 150
Berufsanfänger .... Nr. 151
Abzug der Betriebsausgaben .... Nr. 152
Beschäftigung von mehr als einem Arbeitnehmer ...... Nr. 153
Ausnahmen von der Versicherungspflicht .... Nr. 154
Keine Befreiung von der Versicherungspflicht .... Nr. 155
Ausnahmen von der Krankenversicherungspflicht ...... Nr. 156
Befreiung von der Krankenversicherungspflicht ...... Nr. 157
Berufsanfänger .... Nr. 158
Aufhebung der Befreiung nach Ablauf der fünfjährigen
Berufsanfängerzeit .... Nr. 159
Höherverdienende, Antrag auf Befreiung von der
Krankenversicherungspflicht .... Nr. 160
Kein Widerruf der Befreiung .... Nr. 161
Berechnungsgrundlage der monatlichen Beiträge ...... Nr. 162
(Kranken- und Rentenversicherung)
Fälligkeit der Beiträge .... Nr. 163
Vermeidung von Nachteilen bei verspäteter
Beitragszahlung .... Nr. 164
Höhe der Beiträge zur Rentenversicherung .... Nr. 165
(Beispiele)
Höhe der Beiträge zur Krankenversicherung .... Nr. 166
(Beispiele)
Krankengeld .... Nr. 167
Berechnung des Krankengeldes .... Nr. 168
Zuschußanspruch und -berechnung bei privater
Krankenversicherung .... Nr. 169
Voraussetzungen für Zuschußanspruch .... Nr. 170
Höhe des Zuschusses .... Nr. 171
Kein Abzug von Autorenhonoraren bei
Musikverlagsverträgen .... Nr. 172
Künstlersozialkasse – Anschrift .... Nr. 173

M

Mechanische Vervielfältigung . . . . Nr. 174
Mechanisches Vervielfältigungsrecht . . . . Nr. 175
   Keine Verteilung im mechanischen
   Vervielfältigungsrecht . . . . Nr. 176
   Verlegeranteile . . . . Nr. 177
   Verteilungsplan . . . . Nr. 178
Mitgliedschaft in der GEMA
   Wie werde ich Mitglied? Voraussetzungen . . . . Nr. 179
   Berechtigungsvertrag I. (§ 1) . . . . Nr. 180
   Berechtigungsvertrag II . . . . Nr. 181
   Aufnahmeausschuß, Zusammensetzung . . . . Nr. 182
   Mitgliedschaftsformen . . . . Nr. 183
   Angeschlossenes Mitglied . . . . Nr. 184
   Außerordentliche Mitgliedschaft
   Aufnahmebedingungen . . . . Nr. 185
   Erwerb der außerordentlichen Mitgliedschaft . . . . Nr. 186
   Ordentliche Mitgliedschaft, Erwerb derselben . . . . Nr. 187
   Ordentliche Mitglieder, ihre Rechte . . . . Nr. 188
   Kooptation = Zuwahl, Aufnahme . . . . Nr. 189
   Kooptation eines außerordentlichen Mitgliedes
   als ordentliches Mitglied . . . . Nr. 190
   Keine Kündigung einer ordentlichen Mitgliedschaft . . . Nr. 191
   Ausschluß eines ordentlichen oder außerordentlichen
   Mitgliedes wegen Mißbrauchs . . . . Nr. 192
   Mißbrauch (zusammengefaßt) . . . . Nr. 193
   Ausschluß eines außerordentlichen oder ordentlichen
   Mitgliedes – seine Rechte . . . . Nr. 194
   Aufnahmegebühr . . . . Nr. 195
   Beendigung der ordentlichen Mitgliedschaft
   durch Mindereinnahmen . . . . Nr. 196
   Beendigung der Mitgliedschaft durch Mißbrauch . . . . . . Nr. 197
   → Nr. 192
Mitgliederversammlung
   Festlegung des Termins für die ordentliche
   Mitgliederversammlung und Einladung . . . . Nr. 198
   Außerordentliche Versammlung der ordentlichen
   Mitglieder, Anberaumung . . . . Nr. 199
   Anträge für die ordentliche Mitgliederversammlung . . . Nr. 200
   Entlastung des Vorstandes und des Aufsichtsrates . . . . . Nr. 201

Wahl des Aufsichtsrates .... Nr. 202
Abstimmung über die Anträge .... Nr. 203
Satzungsänderung .... Nr. 204
Besucherzahl .... Nr. 205
Mitgliederzahl der GEMA .... Nr. 206
Mitgliederversammlung, außerordentliche und
angeschlossene Mitglieder – Delegierte .... Nr. 207
Miturheber, Verjährungsfrist .... Nr. 208
  Musikdramatische Werke .... Nr. 209
  (Gr. Recht, ARD oder ZDF)
  Abendfüllende Bühnenwerke
  I. Fernsehen .... Nr. 210
  Vergütung .... Nr. 211
  Materialentschädigung .... Nr. 212
  II. Hörfunk .... Nr. 213
  Tabelle der Entgelte .... Nr. 214
  Anmeldebogen für ein musikdramatisches Werk ...... Nr. 215
  Kleines Recht .... Nr. 216
Musikfonds für Musikurheber .... Nr. 217
Musikkorps der Bundeswehr (Anschriften) .... Nr. 218
Musikrat, deutscher .... Nr. 219
Förderungsprojekt „Konzert des deutschen Musikrates" .... Nr. 220
  Träger .... Nr. 221
  Historie .... Nr. 222
  Teilnehmer .... Nr. 223
  Aufgabe .... Nr. 224
  Förderung .... Nr. 225
Musikverlagsverträge .... Nr. 226
  Grundsätzliche Hinweise
  I. E-Musikverlagsvertrag .... Nr. 227
  II. U-Musikverlagsvertrag .... Nr. 228

N

Nachgelassenes Werk .... Nr. 229
Nachträglich unterlegte Texte .... Nr. 230
Neues Urheberrecht .... Nr. 231
Notenleihmaterial – Entgelte der Rundfunkanstalten ...... Nr. 232

P

Parodien .... Nr. 233
Patentamt, Inhalt der Aufsicht .... Nr. 234
    Unterrichtungspflicht .... Nr. 235
Phono-GEMA-Abrechnungen (Inland) .... Nr. 236
Plagiat .... Nr. 237
Programmausschuß .... Nr. 238
Programm- und Aufführungserfassung .... Nr. 239
Programm-Verwertung .... Nr. 240
Prüfungspflicht der Musikverlage .... Nr. 241
Pseudonyme, Anmeldepflicht bei der GEMA .... Nr. 242
Pseudonyme Werke .... Nr. 243

Q

Quellenangabe bei Benutzung oder Vervielfältigung fremder Werke .... Nr. 244

R

Rechtsnachfolger des Urhebers .... Nr. 245
    Nachweis .... Nr. 246
    Hinweise .... Nr. 247
Rechtzeitige Anmeldung der Werke .... Nr. 248
Refrain eines Schlagers, rechtswidrige Benutzung ... Nr. 249
Reklamationen über nicht verrechnete Aufführungen im E- und U-Sektor .... Nr. 250
Rückrufrecht von Musikverlagsverträgen .... Nr. 251

S

Sammelwerke .... Nr. 252
Satzung (auszugsweise) .... Nr. 253
SK – Sonderkonto .... Nr. 254
Subverlag .... Nr. 255
(Grundbestimmungen)
    Verteilungsgrundsatz .... Nr. 256
Schiedsgericht (GEMA) .... Nr. 257
Schlichtungsausschuß .... Nr. 258
Schutzfristen anderer Staaten, Auswahl .... Nr. 259
Steuerhinweise .... Nr. 260
Strauss-Medaille .... Nr. 261

Streitigkeiten mehrerer Urheber, keine Zahlungen von
    der GEMA .... Nr. 262

T

Tarifausschuß der GEMA .... Nr. 263
Textdichter-Anteil, auch ungesungen, ist zu verrechnen ..... Nr. 264
Textierung subverlegter Werke .... Nr. 265
Tod eines GEMA-Mitgliedes .... Nr. 266
Tonfilm-Musikaufstellungen, zusätzliche Angaben .... Nr. 267
    Einreichung ordnungsgemäßer Musikaufstellungen .... Nr. 268
    Beteiligung mehrerer Komponisten .... Nr. 269
    Verrechnung bei unzulänglichen Angaben .... Nr. 270
    Keine Vorlage einer Musikaufstellung, kostenfällige
    Prüfung durch die GEMA-Verwaltung .... Nr. 271
Tonsignete – Erkennungsmotive .... Nr. 272
Tonträger .... Nr. 273
Transkriptionen, Variationen .... Nr. 274

U

Übertragung des Urheberrechts .... Nr. 275
Umsätze bis zu DM 2,- pro Werk .... Nr. 276
Unkostenbeitrag der GEMA .... Nr. 277

V

Vergütung für Nutzung beim Hörfunk und beim
    Fernsehrundfunk (ARD, ZDF) .... Nr. 278
    Nicht kommerzielle Nutzung
    Kommerzielle Nutzung, Hör- und Fernsehrundfunk ... Nr. 279
Verlagsverlegung ins Ausland .... Nr. 280
Verlust der ordentlichen Mitgliedschaft .... Nr. 281
Verrechnung/Verteilung
    Anspruch auf Verrechnung von Aufführungen .... Nr. 282
    Verteilung der Einnahmen nach festen Regeln .... Nr. 283
    Unterscheidung der einzelnen Sparten .... Nr. 284
    Verteilung .... Nr. 285
Art und Weise der Verrechnung
    Verrechnung nach Programmen .... Nr. 286
    Verrechnung Sparte VK .... Nr. 287
    Verrechnung der Sparten R, FS, T .... Nr. 288

Kur- und Bäderveranstaltungen .... Nr. 289
Aufführungen mittels mechanischer Vorrichtungen.... Nr. 290
Wiedergabe dramatisch-musikalischer Werke .... Nr. 291
Sparte FM .... Nr. 292
Sparte E .... Nr. 293
Auslandseinnahmen, Sparten Kabelrundfunk (KRA)... Nr. 294
Kabelfernsehen
Verrechnungsschlüssel ernste Werke in Verbindung
mit Rundfunkbewertung (X) .... Nr. 295
Verrechnungsschlüssel für Unterhaltungsmusik
in Verbindung mit Rundfunkbewertung (XI) .... Nr. 296
Verrechnung von Werken, die sich nicht in Abschnitt
X, XI oder XIII einstufen lassen (XII) .... Nr. 297
Netto-Einzelverrechnung (ED oder UD) (XIII) .... Nr. 298
Beispiel einer Verrechnung VIII, 4 d .... Nr. 299
Verrechnung der Punktbewertung für Abschnitte
X – XIII mit EDV-Schlüssel........................ Nr. 300
Verteilung für Aufführungen mittels mechanischer
Vorrichtungen .... Nr. 301
Verteilungsschlüssel für Fernsehsendungen .... Nr. 302
Verteilungsschlüssel für Fernsehsendungen an den
Bühnenverleger .... Nr. 303
Tonsignete....................................... Nr. 304
Verrechnungsschlüssel Tonfilm .... Nr. 305
Potpourris .... Nr. 306
Werbespots .... Nr. 307
Verteilungsplankommission .... Nr. 308
Vertonungsfreiheit .... Nr. 309
VG – Musikedition .... Nr. 310
Verwertungsgesellschaften .... Nr. 311
VG Wort .... Nr. 312
Gründung .... Nr. 313
Komponisten als Schriftsteller .... Nr. 314
Verteilungsplan .... Nr. 315
Anmeldungen der Sendungen..................... Nr. 316
Bewertung...................................... Nr. 317
Einstufung der Hörfunk- und Fernsehsendungen ...... Nr. 318
Bibliothekstantieme............................. Nr. 319
Vorschußzahlungen der GEMA .... Nr. 320
Vorstand der GEMA .... Nr. 321

W

Werkanmeldungen durch den Verleger .... Nr. 322

Werkausschuß, Geschäftsordnung .... Nr. 323

Werkdokumentation I (Anmeldebogen für Originalwerke) .. Nr. 324

Werkdokumentation II (Anmeldebogen bei Subverlagswerken) Nr. 325

– Bedeutung der Abkürzungen – .... Nr. 326

Wertungsverfahren

    E-Musik, Einführung .... Nr. 327

    U-Musik, Einführung .... Nr. 328

    Beteiligungsverhältnis .... Nr. 329

    Geschäftsordnung für das Wertungsverfahren der
Komponisten in der Sparte E .... Nr. 330

    Geschäftsordnung für das Wertungsverfahren der
Komponisten in der Tanz- und
Unterhaltungsmusik .... Nr. 331

    Geschäftsordnung für das Wertungsverfahren der
Textdichter in der Sparte E .... Nr. 332

    Amtsdauer der Wertungsausschüsse .... Nr. 333

    In welcher Gruppe (Kurie) wird man gewertet? .... Nr. 334

    Teilnahmeberechtigung E-Musik .... Nr. 335

    Teilnahmeberechtigung U-Musik .... Nr. 336

    E-Musik, Gruppeneinteilung .... Nr. 337

    E-Musik, Punktzahlerrechnung .... Nr. 338

    U-Musik, Gruppeneinteilung .... Nr. 339

    E-Musik, künstlerische Bedeutung, Einteilung in Stufen Nr. 340

    U-Musik, Punktzahlerrechnung .... Nr. 341

    U-Musik, Beteiligung der Bearbeiter .... Nr. 342

    U-Musik, künstlerische Bedeutung .... Nr. 343

    Kultur- und Kompositionspreise .... Nr. 344

    Laufende Überprüfung der Gruppen .... Nr. 345

    Verbleib in einer höheren Gruppe .... Nr. 346

    E-Musik, Limit .... Nr. 347

    U-Musik, Limit .... Nr. 348

    Beispiel einer Berechnung, E-Musik .... Nr. 349

    Beispiel einer Berechnung, U-Musik .... Nr. 350

    Aufsichtsrat- und Vorstandsteilnahme .... Nr. 351

    Ausschluß vom Wertungsverfahren in der Unterhaltungs-
und Tanzmusik .... Nr. 352

    Beschwerdeweg .... Nr. 353

    Standardwerke der U-Musik, Wertung .... Nr. 354

Evergreens der Tanzmusik, Wertung .... Nr. 355
Ausgleichsfonds in allen Sparten .... Nr. 356
Bei Mißbrauch keine Beteiligung am Wertungsverfahren Nr. 357
Mechanisches Vervielfältigungsrecht – keine Beteiligung Nr. 358
Höhe der Wertungsmark 1984 – 1987 .... Nr. 359
Wirtschaftsausschuß .... Nr. 360
Wissentlich falsche Angaben .... Nr. 361

Z

Zahlungstermine der GEMA .... Nr. 362
Zessionare .... Nr. 363
Zitate .... Nr. 364

Anhang
Literaturverzeichnis .... Nr. 365
Anschriften: Rundfunk- und Fernsehanstalten .... Nr. 366
Anschriften: Verbände .... Nr. 367
Anschriften: Behörde .... Nr. 368
Anschriften: Verwertungsgesellschaften .... Nr. 369

A

1 Abkürzungen, allgemeine, I

A	Hauptbearbeiter (bei freien Werken)
A	Sparte Ausland
A AR	Auslandsabrechnung für Aufführungs-, Vorführungs-, Sende- und Wiedergaberecht
A VR	Auslandsabrechnung für Vervielfältigungsrecht
AB	Gültigkeitszeitraum (Beginn)
Abre	Abrechnung, Abrechnungsabteilung
AKM	Staatlich genehmigte Gesellschaft der Autoren, Komponisten und Musikverleger, Wien
AMMRE	Anstalt für mechanisch-musikalische Rechte
ARD	Arbeitsgemeinschaft der öffentlich-rechtlichen Rundfunkanstalten der Bundesrepublik Deutschland
AS	Alterssicherung
ASCAP	American Society of Composers, Authors and Publishers, New York
AUFN GB	Aufnahmegebühr
AWA	Anstalt zur Wahrung der Aufführungsrechte auf dem Gebiet der Musik, Berlin (DDR)
AWA AR	Abrechnung der Anstalt zur Wahrung der Aufführungsrechte auf dem Gebiet der Musik in der DDR für Aufführungs-, Vorführungs-, Sende- und Wiedergaberecht
B	Bearbeiter
Bd	Band
BfA	Bundesversicherungsanstalt für Angestellte, Berlin
BIEM	Bureau International des Sociétés gérant les Droits d'Enregistrement et de Reproduction Mécanique, Paris
BIS	Gültigkeitszeitraum (Ende)
BK	Banküberweisung
BKA (BKartA)	Bundeskartellamt

BM	Bühnenmusik
BR	Bayerischer Rundfunk, München
BT	Bildtonträger
BT VR	Vervielfältigungsrecht an Bildtonträgern
BTL	Beteiligungsform (F = Fabrikation, V = Verkäufe)
BUMA	Het Bureau voor Muziek-Auteursrecht, Amsterdam
BV	Bühnenverleger (in Verbindung mit PHO-VR)
CSB	Copyright Service Bureau, New York
D	Spieldauer
DARL-R	Darlehensrate
DKV	Deutscher Komponisten-Verband e.V.
DLF	Deutschlandfunk, Köln
DMV	Deutscher Musikverleger-Verband e.V.
DRA	Deutsches Rundfunkarchiv
DSB	Deutscher Sängerbund
DTV	Deutscher Textdichter-Verband e.V.
DU	Dramatiker-Union
DW	Deutsche Welle, Köln
E	Sparte E (Ernste Konzerte aller Art, sinfonische Musik, Kammermusik, Chormusik usw.)
ED	E-Musik-Direktverrechnung (Nettoeinzelverrechnung)
EDV	Elektronische Datenverarbeitung
EG	Europäische Gemeinschaften
EMI	Electric & Musical Industries Ltd.
EST	Einkommensteuer
EStG	Einkommensteuergesetz
EWS	Europawelle Saar
F	Besetzung – (Fabrikation) s. BTL
FKI	Funktionelle Musikwiedergabe im Gottesdienst

FKI EK	Funktionelle Musikwiedergabe im Gottesdienst der Evangelischen Kirche
FKI KK	Funktionelle Musikwiedergabe im Gottesdienst der Katholischen Kirche
FM	Funktionelle Musikwiedergabe – Sparte FM (Aufführungen funktioneller Musik)
FS	Senderecht im Fernsehrundfunk und Wiedergaberecht bei öffentlicher Wiedergabe von Fernsehrundfunksendungen
FS	Tarifbezeichnung: Wiedergabe von Fernsehsendungen
FS GR	Öffentliche Wiedergabe von Fernsehrundfunksendungen mit Werken „Großen Rechts"
GAT	Gattung
GB	Gebühren
GB/EA	Gebühren für Einzelaufstellungen
GB/VM	Gebühren für Veranstaltungsmeldungen
Geb	Gebühren
GEMA	Gesellschaft für musikalische Aufführungs- und mechanische Vervielfältigungsrechte
GG	Grundgesetz für die Bundesrepublik Deutschland
GK	Gebührenklasse
GVL	Gesellschaft zur Verwertung von Leistungsschutzrechten, Hamburg
H	Haben (Gutschrift/Guthaben)
HR	Hessischer Rundfunk, Frankfurt
IDK	Interessenverband Deutscher Komponisten e.V.
IGNM	Internationale Gesellschaft für Neue Musik
Ill-Musik	Illustrations-Musik bei Filmen
IMHV	Interessengemeinschaft Musikwissenschaftlicher Herausgeber und Verleger, Kassel
INH	Inhaltsangaben
INTERGU	Internationale Gesellschaft für Urheberrecht

K	Komponist(en)
KartG	Kartellgesetz
KFSA	Kabelfernsehrundfunk Ausland
KG	Kammergericht
KI	Musik im Gottesdienst
KI EK	Musik im Gottesdienst der Evangelischen Kirche
KI KK	Musik im Gottesdienst der Katholischen Kirche
KO	Kostenrückerstattung
KODA	Selskabet til Forvaltning af Internationale Komponistrettigheder i Danmark, Kopenhagen
KRA	Kabelrundfunk Ausland
KRED-R	Kreditrate
KS	Kasse (bar)
KSK	Künstlersozialkasse
Kto	Konto
L	Gebiet
LitUrhG	Gesetz betreffend das Urheberrecht an Werken der Literatur und der Tonkunst
M	Öffentliche Wiedergabe von Unterhaltungsmusik mittels mechanischer Vorrichtungen und Sparte M (Aufführungen mittels mechanischer Vorrichtungen – ohne Fernsehen –)
MB	Mitgliedsbeitrag
MC	Musik-Kassette
ME	Öffentliche Wiedergabe von ernster Musik mittels mechanischer Vorrichtungen
MR	mechanisches Vervielfältigungsrecht
M-U	Tarifbezeichnung: Tonträgerwiedergabe von Unterhaltungs- und Tanzmusik
NDR	Norddeutscher Rundfunk, Hamburg
NV	Nachverrechnung
NZ A ABR	Nachzahlung und Auslandsabrechnung

OP	Opuszahl
ORF	Österreichischer Rundfunk
PAL	Phase Alternation Line (Fernsehsystem)
PFDG	Pfändung
PG	Postgiroüberweisung/Postgirozahlung
PHO-VR	Vervielfältigungsrecht an Tonträgern
PSEU	Pseudonymgebühren/Editionsgebühren
PV	Pauschalvertrag
R	Senderecht im Tonrundfunk und Wiedergaberecht bei öffentlicher Wiedergabe von Tonrundfunksendungen
R GR	Öffentliche Wiedergabe von Tonrundfunksendungen mit Werken „Großen Rechts"
R VR	Vervielfältigungsrecht im Tonrundfunk
R VR GR	Vervielfältigungsrecht im Tonrundfunk mit Werken „Großen Rechts"
RA	Restausschüttung auf Abrechnung für Aufführungs-, Vorführungs-, Sende- und Wiedergaberecht
RA VR	Restausschüttung auf Abrechnung für Vervielfältigungsrecht
RAI	Radiotelevisione Italiana, Rom
RB	Radio Bremen, Bremen
Rdf	Tarifbezeichnung: Rundfunk
RIAS	Rundfunksender im amerikanischen Sektor von West-Berlin
RTL	Radio-Tele-Luxemburg
RV	Rückverrechnung
RZ	Rückzahlung
S	Seite
S	Soll (Lastschrift/Belastung)
SABAM	Société Belge des Auteurs, Compositeurs et Editeurs, Brüssel

SACEM	Société des Auteurs, Compositeurs et Editeurs de Musique
SB	Subbearbeiter
Sch	Tarifbezeichnung: Schulen/Volkshochschulen/Musikschulen und Konservatorien/Musikhochschulen/Musikwissenschaftliche Institute der Universitäten
SDR	Süddeutscher Rundfunk, Stuttgart
SECAM	Séquentielle Couleur à Memoire (Fernsehsystem)
SFB	Sender Freies Berlin
SGEB	Subgebiet
SINH	Einzeltitel der Subausgabe
SK	Sonderkonto
SO	Sonstiges
SPIDEM	Spitzenverband Deutsche Musik
SR	Saarländischer Rundfunk, Saarbrücken
SRG	Schweizerische Radio- und Fernsehgesellschaft
ST	Subtextdichter
STAGMA	Staatlich genehmigte Gesellschaft zur Verwertung musikalischer Urheberrechte (jetzt GEMA)
STIT	Subtitel
STORNO	Stornierung
STS	Subspezialtextdichter
STXT	Weitere Titel- und Textanfänge der Subausgabe
SUISA	Schweizerische Gesellschaft für die Rechte der Urheber musikalischer Werke, Zürich
SV	Saldovortrag – Subverleger
SVV	Datum des Subverlagsvertrages
SWF	Südwestfunk, Baden-Baden
SZ	Scheckzahlung
T	Originaltextdichter
T	Sparte T (Tonfilm)
T FS	Tonfilm im Fernsehen

TD	Tonfilm-Direktverrechnung (Musik in Wirtschaftsfilmen, Tonbildschauen)
TIT	Titel des Werkes
TONO	Norsk Komponistforenings Internasjonale Musikbyra, Oslo
TS	Spezialtextdichter
TSTIT	Titel der Spezialtextierung
T-W	Tarifbezeichnung: Vorführung von Wirtschaftsfilmen
TXT	Weitere Titel und Textanfänge
U	Sparte U (Veranstaltungen von Unterhaltungs- und Tanzmusik)
UD	U-Musik-Direktverrechnung (Nettoeinzelverrechnung)
UMB	Umbuchungen
UNESCO	United Nations Educational, Scientific and Cultural Organisation, Paris
UrhG	Gesetz über Urheberrecht und verwandte Schutzrechte vom 09.09.1965
UrhWG	Gesetz über die Wahrnehmung von Urheberrechten und verwandten Schutzrechten vom 09.09.1965
USt	Umsatzsteuer
V	Originalverleger
VCR	Video-Cassetten-Recorder
VDD	Verein der Diözesen Deutschlands
VDM	Vereinigung Deutscher Musik-Bearbeiter e.V.
Verf	Verfasser
VG (VGes)	Verwertungsgesellschaft
VGH	Verwaltungsgerichtshof
VG Wort	Verwertungsgesellschaft Wort
VK	Sparte VK (Varieté-, Kabarett- und Zirkusveranstaltungen)
VK (G)	Tarifbezeichnung: Großveranstaltungen (Großhallenbetriebe und Gastspielunternehmen)

VR	Tarifbezeichnung: Vervielfältigungen
VSV	Vertragspartner des Subverlegers
VZ	Vorauszahlung
WDR	Westdeutscher Rundfunk, Köln
WT	Wertung
WUA	Welturheberrechtsabkommen
ZBT	Zentralstelle Bibliothekstantieme
ZESS	Zession (Abtretung einer Forderung auf Zahlung eines Geldbetrages an einen Dritten)
ZPÜ	Zentralstelle für private Überspielungsrechte, München
ZS	Zinsen

Abkürzungen, II

a	Werkanmeldungen (GEMA-Datenbank)	Nr. 324
b	Werkanmeldungen für Subverleger	Nr. 325
c	Kontoauszüge	Nr. 142

2 Absetzbare Beträge aus den Kontoauszügen der GEMA bei der Einkommensteuererklärung

a) Aufnahmegebühr: Autoren: DM 100,- + USt
                       Verleger: DM 200,- + USt

b) Jährlicher Unkostenbeitrag: DM 50,-

c) Spezifizierte Abrechnung (Einzelaufstellungen)
E-Musik (Konzertaufführungen) pro Werk DM 2,-
U-Musik pro Seite DM 2,-

d) Pseudonyme (Kostenersatz)
Für das zweite und jedes weitere Pseudonym eine Pauschalvergütung von DM 100,- (zuzüglich USt in der jeweils gesetzlich vorgeschriebenen Höhe) im Jahr.
Der Vergütungssatz erhöht sich vom vierten Pseudonym an auf DM 200,- jährlich plus USt.

e) Berufsverbandsbeiträge

f) GEMA-Darlehenszinsen
(nur bei Darlehen für Berufszwecke)

g) GEMA-Intern DM 5,- + USt

3 Aleatorik

Der urheberrechtliche Schutz von aleatorischer Musik bleibt bestehen, auch wenn keine herkömmliche Partitur vorhanden ist.
Verrechnungsschlüssel elektronische Musik Nr. 297 (Lit. 2)

4 Alterssicherung

Die Komponisten und Textdichter, die zwanzig Jahre ununterbrochen der GEMA als ordentliches Mitglied angehört und das sechzigste Lebensjahr vollendet haben, stellen ihre Anteile am sogenannten AUSFALL einem Fonds zur Verfügung, aus dem sie Zuwendungen erhalten.

5 – E-Komponisten

Die Punktzahl errechnet sich aus dem Wertungsverfahren E-Musik, § 5, A-G. (Unter H werden die Ermessenspunkte für die Bewertung des Gesamtschaffens und der künstlerischen Persönlichkeit **nicht** angerechnet, da nur **Aufkommenspunkte** gewertet werden können.)
(Geschäftsordnung für das Wertungsverfahren der Komponisten in der Sparte E, Anhang I, 1.)

Alterssicherung (Fortsetzung)

6 – E-Textdichter

Die Punktzahl errechnet sich aus dem Wertungsverfahren der Textdichter in der Sparte E, Anhang 1. a) – e) 2.-7.

7 – Sparte U-Musik

Die Punktzahl errechnet sich aus dem Wertungsverfahren U-Musik, § 5, A, C, D, E, H.

Nicht berechnet werden:
zu B: Zuschläge für Unterhaltungsmusik
zu F: Standardwerke der Unterhaltungsmusik
zu G: Evergreens der Tanzmusik
zu J: Bewertung des Gesamtschaffens und der künstlerischen Persönlichkeit.

(Geschäftsordnung für das Wertungsverfahren in der Unterhaltungs- und Tanzmusik, Anhang I. 1-4)

8 – Aufkommenspunkte aus E- u. U-Musik gemeinsam

Hat der Urheber Anspruch auch in der Sparte E (oder der E-Urheber in der Sparte U), so steht ihm insgesamt die Höchstpunktzahl beider Sparten zu.

(Geschäftsordnungen für Wertungsverfahren der Komponisten in der Sparte E, Anhang I.3. und U, Anhang 1.3.)

9 – Höhe des Punktwertes in den Sparten E und U verschieden

Der Punktwert errechnet sich aus dem Verhältnis der Gesamtpunktzahl der an der Alterssicherung beteiligten Mitglieder und dem zur Verteilung zur Verfügung stehenden Betrag. Da beide Werte sich von Jahr zu Jahr verändern, bleibt der Punktwert nicht konstant.

Der Alterssicherungs-Punktwert ist in den einzelnen Teilnehmergruppen unterschiedlich.

10 – Höhe des Punktwertes

E-Komponisten
E-Textdichter   1984 DM 170,–
                 1985 DM 153,–
                 1986 DM 166,–
                 1987 DM 153,–

(Geschäftsordnung für das Wertungsverfahren in der Sparte E, Anhang I, 1-4).

Alterssicherung (Fortsetzung)

11 - Höhe des Punktwertes

U-Musik   1984 DM 214,-
1985 DM 209,-
1986 DM 217,-
1987 DM 208,-

(Geschäftsordnung für das Wertungsverfahren in der Unterhaltungs- und Tanzmusik I, Anhang 1-4).

12 - Beispiele der Errechnung

Nach 20jähriger **ordentlicher Mitgliedschaft** und Vollendung des 60. Lebensjahres werden die Mitgliedschaftspunkte von **Beginn der ordentlichen Mitgliedschaft** bis zum **günstigsten** Jahr am Wertungsverfahren berechnet.

A) 1. Beginn der ordentlichen Mitgliedschaft   1.1.1950
Günstigstes Jahr im Wertungsverfahren   1965
Das sind von 1950-1965
Mitgliedschaftspunkte: 16
Aufkommenspunkte   27

Gesamtpunkte: 43

2. Beginn der ordentlichen Mitgliedschaft   1.1.1937
Günstigstes Jahr im Wertungsverfahren   1963
das sind von 1937-1963
Mitgliedschaftspunkte: 27
Aufkommenspunkte: 46

Gesamtpunkte: 73

Bei den obigen Beispielen ist es nicht notwendig, von der 1/3-Klausel zu sprechen, weil die Aufkommenspunkte **höher** waren als die erforderlichen 1/3 der Gesamtpunkte! Bei den nachfolgenden 3 Beispielen muß die 1/3-Klausel angewendet werden, weil die **Aufkommenspunkte** niedriger waren als 1/3 der Gesamtpunkte!

B) 1. Beginn der ordentlichen Mitgliedschaft   1.1.1940
Günstigstes Jahr im Wertungsverfahren   1973
Das sind von 1940-1973
Mitgliedschaftspunkte: 34
Aufkommenspunkte: 5 (1/3)

Gesamtpunkte: 39
Anrechenbare Gesamtpunkte: 15 (3/3)

Alterssicherung (Fortsetzung)

2. Beginn der ordentlichen Mitgliedschaft	1.1.1950
Günstigstes Jahr im Wertungsverfahren	1959
Das sind von 1950-1959	
Mitgliedschaftspunkte:	10
Aufkommenspunkte:	2 (1/3)
Gesamtpunkte:	12
Anrechenbare Gesamtpunkte:	6 (3/3)
3. Beginn der ordentlichen Mitgliedschaft	1.1.1950
Günstigstes Jahr im Wertungsverfahren	1963
Das sind von 1950-1963	
Mitgliedschaftspunkte:	14
Aufkommenspunkte:	1 (1/3)
Gesamtpunkte:	15
Anrechenbare Gesamtpunkte:	3 (3/3)

(Anhang zur Geschäftsordnung für das Wertungsverfahren der Komponisten in der Sparte E, I-IV. in der Sparte U, I-IV.).

13 Änderung eines Werkes

Ein Werk, sein Titel und die Urheberbezeichnung dürfen ohne Einwilligung des Urhebers von niemandem geändert werden.
(siehe auch § 39 [1] UrhG)

14 Anmeldung von Werken

a) Die GEMA wünscht, daß Anmeldungen erst dann erfolgen, wenn Aufführungen, Sendungen oder Schallplattenproduktionen bevorstehen.

b) Bei Werken, die vom Verleger angemeldet werden, können die Urheber gegen Erstattung der Unkosten eine Ablichtung erhalten.

c) Werkdokumentation in GEMADATENBANK I. (Nr. 224)
II. (Nr. 225)

d) Anmeldebogen für ein musik-dramatisches Werk im Hörfunk (Gr. Recht) (Nr. 215).
(Ausführungsbestimmungen zum Verteilungsplan der GEMA, I, 1.-14.)

15 Anonyme Werke

Wenn der Urheber anonym (unbekannt) bleiben will, können seine Rechte vom Herausgeber oder Verleger wahrgenommen werden.
Eine Zurücknahme dieser Rechte ist möglich, wenn er sie selbst ausüben will (§ 10 UrhG).

16 Anregung – Werkidee

Die Idee ist ohne ihre Ausführung nicht schutzfähig, es sei denn, daß sie vorher notariell registriert wurde (Lit. 2).

17 Anteile der am Werk beteiligten Bezugsberechtigten

Anteile:

- A. Komponist 12/12
- B. Komponist 8/12
  Textdichter 4/12
- C. Komponist 11/12 (10/12)
  Bearbeiter *) 1/12 (2/12)
- D. Komponist 7/12 (6/12)
  Bearbeiter *) 1/12 (2/12)
  Textdichter 4/12
- E. Komponist 8/12
  Verleger 4/12
- F. Komponist 5/12
  Textdichter 3/12
  Verleger 4/12
- G. Komponist 7/12 (6/12)
  Bearbeiter *) 1/12 (2/12)
  Verleger 4/12
- H. Komponist 4/12
  Bearbeiter *) 1/12 (2/12)
  Textdichter 3/12
  Verleger 4/12 (3/12)

*) Bei Originalwerken der Unterhaltungsmusik, die in den Musikverwertungsgebieten U, VK, R, E, FS, M und FM **) zur Aufführung gelangen, beträgt der Bearbeiteranteil für Werke der Gruppe 12 = 1/12, für Werke der Gruppe ab 24 = 2/12. Für Bearbeitungen, die lediglich aus einer Umschreibung einer bereits vorhandenen Stimme für ein anderes Instrument bestehen, kann keine Beteiligung beansprucht werden.

18 Aufführungs- und Senderecht, Aufteilung der Ausschüttungen

1. Aufführungs- und Senderecht
   a) Tonfilm Nr. 305 — 12/12 Anteile
   b) Fernsehsendungen Nr. 302 — 24/24 Anteile
   c) Londoner Verteiler-Schlüssel,
      Subbezugsberechtigte Nr. 256 — 24/24 Anteile

d) Stockholmer Verteiler-Schlüssel,
Subbezugsberechtigte 24/24 Anteile
(ausgenommen bei Beteiligung
von Originalbezugsberechtigten 12/12)
e) alle übrigen 12/12 Anteile
2. Mechanisches Vervielfältigungsrecht
→ Nr. 174-178 10/10 Anteile

19 Aufsichtsrat
– Aufsichtsratswahl, Voraussetzung

Wählbar sind nur Mitglieder nach **fünfjähriger ordentlicher** Mitgliedschaft (Satzung der GEMA § 13,1).

20 – Ablehnung der Wahl eines Aufsichtsratsmitglieds durch eine andere Berufsgruppe (Kurie)

Die betroffene Berufsgruppe muß den zuerst Gewählten mit dreiviertel ihrer Stimmen wiederwählen oder einen neuen Kandidaten zur Wahl stellen (Satzung der GEMA § 11 a).

21 – Zusammensetzung

6 Komponisten
5 Verleger
4 Textdichter
Für jede Berufsgruppe (Kurie) 2 Stellvertreter (Satzung der GEMA § 13)
Der Aufsichtsrat wählt jährlich nach Schluß der ordentlichen Mitgliederversammlung in einer ohne besondere Einladung stattfindenden Sitzung aus seinen Mitgliedern einen Vorsitzenden und zwei Stellvertreter.
Der Vorsitzende wird aus der Berufsgruppe der Komponisten, die beiden Stellvertreter jeweils aus der Berufsgruppe der Textdichter und der Musikverleger gewählt.
(Geschäftsordnung für den Aufsichtsrat § 2 [1])

22 – Aufgaben und Befugnisse

Aufgaben und Befugnisse ergeben sich aus Satzung, Berechtigungsvertrag und Verteilungsplan.
Bildung von ständigen Ausschüssen, Kommissionen und deren Überwachung, ferner kann der Aufsichtsrat Entscheidungen fällen bei Beschwerden der Mitglieder über die Arbeit der Ausschüsse, Beschlüsse der Ausschüsse aufheben und an deren Sitzungen teilnehmen.

Aufsichtsrat (Fortsetzung)

Die Abstimmung im Aufsichtsrat erfolgt mit einfacher Stimmenmehrheit der anwesenden Mitglieder. Wenn die in einer Aufsichtsratssitzung anwesenden Komponisten **einstimmig** eine Meinung vertreten, so können sie von den übrigen anwesenden Aufsichtsratsmitgliedern **nicht** überstimmt werden.
(Satzung der GEMA § 13, 2)

23 – Amtsdauer

Der Aufsichtsrat wird jeweils für 2 Jahre gewählt.
Der Amtsantritt des neugewählten Aufsichtsrates erfolgt unmittelbar nach Beendigung der ordentlichen Mitgliederversammlung.
(Satzung der GEMA § 13, 2)

24 Aufteilung in der Rundfunkabrechnung

Die Einnahmen aus R (Rundfunk) und FS (Fernsehen) werden aufgeteilt in Senderecht und mechanisches Vervielfältigungsrecht (VR):
Senderecht 63 %
Mechanisches Vervielfältigungsrecht 37 %
(Verteilungsplan für das Aufführungs- und Senderecht § 1, 1.)

25 Aufwendungen für kulturelle und soziale Zwecke

Es werden aufgrund der Gegenseitigkeitsverträge mit anderen Verwertungsgesellschaften jeweils 10 % von der Verteilungssumme für soziale und kulturelle Zwecke bereitgestellt. Soweit Zinserträge, Aufnahme- sowie Verwaltungsgebühren, Konventionalstrafen und andere unverteilbare Beträge anfallen, werden sie gleichen Zwecken zugeführt.
In Erfüllung des sozialen Zweckes geschieht dies zugunsten der GEMA-Sozialkasse und der Alterssicherung. Im übrigen werden die Mittel im Rahmen der verschiedenen Wertungs- und Schätzungsverfahren verteilt. Das Beteiligungsverhältnis wird von Vorstand und Aufsichtsrat einvernehmlich festgelegt. Die bisher in der Sparte E geleisteten Zuwendungen dürfen sich im Verhältnis zum Gesamtaufkommen nicht verringern. Änderungen bedürfen eines Beschlusses der Mitgliederversammlung mit der in § 11 b) der Satzung der GEMA vorgeschriebenen qualifizierten Mehrheit.
(A. Verteilungsplan der GEMA für das Aufführungs- und Senderecht § 1, 4a) b))

26 Ausländische Autoren haben Anspruch auf Inländerbehandlung

Ausländische Autoren haben Anspruch auf Inländerbehandlung; deutsche Autoren werden bei Aufführungen und Sendungen im Ausland nach dem Verrechnungsschlüssel der jeweiligen Verwertungsgesellschaften verrechnet (Lit. 2).

27 Ausländische Verwertungsgesellschaften (Auswahl)

Dänemark: KODA
Maltegardsvey 24
DK - 2820 Gentofte

Frankreich: SACEM
225, Avenue Charles de Gaulle
F - 92521 Neuilly-sur-Seine

Großbritannien: PRS
Copyright House
28/33 Berners Street
London WIP 4AA

MCPS
Elgar House
41 Streatham High Road
London SW 16 1ER

Italien: S.I.A.E.
Viale della Letteratura 30
I - 00100 Roma

Kanada: CAPAC
1240 Bay Street
Toronto, Ontario M5R 2C2

PROCAN
41, Valleybrook Drive
Don Mills, Ontario M3B 2S6

Niederlande: BUMA
Prof.-E.M.-Meijerslaan 3
NL - 1183 AV Amstelveen

STEMRA
Prof.-E.M.-Meijerslaan 3
NL - 1183 AV Amstelveen

Norwegen: TONO
Galleri Oslo
Toyenbekken 21
N - Oslo 1

Österreich:	AKM Baumannstraße 8-10 A - 1031 Wien AUSTRO-MECHANA Baumannstraße 8-10 A - 1031 Wien
Schweden:	STIM Sandhamnsgatan 79 S - 11528 Stockholm
Schweiz:	SUISA Bellariastraße 82 CH - 8038 Zürich
Spanien:	SGAE Rue Fernando VI, 4 E - 28080 Madrid
Vereinigte Staaten von Amerika (U.S.A.):	ASCAP One Lincoln Plaza New York, N.Y. 10023 BMI 320 West 57th Street New York, N.Y. 10019

28 Auswendig musizieren

Bei geschützter Musik ist es gleichgültig, ob nach Noten oder auswendig gespielt wird.
Auch solche Aufführungen sind GEMA-gebührenpflichtig (Lit. 2).

29 AWA

Anstalt zur Wahrung der Aufführungsrechte auf dem Gebiete der Musik in der DDR = Deutsche Demokratische Republik.
Guthaben bei der AWA werden für Autoren der Bundesrepublik Deutschland 1:1 verrechnet.

Verrechnung (DDR)
Bei anfallenden Tantiemen zieht die AWA 25 % Einkommensteuer und 22,80 % Bearbeitungskosten ab, d.h. diese Einnahmen brauchen bei der Einkommensteuerveranlagung nicht angegeben zu werden.
Anschrift: Storkowerstr. 134, Berlin (DDR) 1055

B

30 Bäderveranstaltungen

Es gibt:
a) Regelmäßige Kurveranstaltungen
b) Gelegentliche oder einmalige Auftritte von Musikgruppen
c) Tonträgervorführungen

Ungefähr 100 Badeorte haben regelmäßig lebendige Kurmusik. Diese besteht in der Regel aus 4-14 Musikern.
Nur noch 4 Staatsbäder haben größere Orchester.
Der Trend geht dahin, die Kurkonzerte durch örtliche Blasmusikveranstaltungen, rekrutiert aus den umliegenden Blasmusikvereinen, zu bestreiten.

31 Bearbeiter
   – Bearbeitungen, eigenschöpferische

Bearbeitungen eines Werkes, die persönliche geistige Schöpfungen des Bearbeiters sind, werden unbeschadet des Urheberrechts am bearbeitenden Werk wie selbständige Werke geschützt.
(§ 3 UrhG)

32 – Bearbeiteranteile bei geschützten Originalwerken der Unterhaltungsmusik

Bei Originalwerken der Unterhaltungsmusik, die in den Musikverwertungsgebieten U, VK, E, Fs, M und FM zur Aufführung gelangen, beträgt der Bearbeiteranteil

für Werke der Gruppe 12 = 1/12
für Werke der Gruppe 24 = 2/12

Der Bearbeiter eines geschützten Werkes hat nur dann Anspruch auf diesen Anteil, wenn seine Bearbeitung vom Urheber genehmigt und der GEMA angemeldet ist. Das gleiche gilt auch für Druckbearbeiter.
Hat der Bearbeiter die Genehmigung auf dem vorgeschriebenen Formular **nicht,** wird er nach Anmeldung seiner Bearbeitung bei der Spezialbearbeiterschätzung berücksichtigt.
(Verteilungsplan der GEMA für das Aufführungs- und Senderecht § 4,4)

Bearbeiter (Fortsetzung)

33 – Bearbeitungen freier Werke im E- und U-Bereich

Bei geschützten Bearbeitungen freier Werke wird die Verteilung nach dem Schlüssel in Ziffer 2 vorgenommen. Der Anteil des Bearbeiters beträgt 3/12. Bei Werken mit Text wird der Bearbeiter in Höhe des Textdichters beteiligt. Die nicht zu verteilenden Anteile finden Verwendung nach Maßgabe von § 1 Ziffer 4 a)*).
(Verteilungsplan für das Aufführungs- und Senderecht § 4, 3)

*) zugunsten der GEMA-Sozialkasse und der Alterssicherung

34 – Bearbeitung, Werkauskunft

Die GEMA gibt auf Anfrage Auskunft, ob ein Werk geschützt oder frei ist.

35 – Transponieren, Umschreiben, keine Beteiligung am Verteilungsplan

Für Bearbeitungen, die lediglich aus einer Umschreibung einer bereits vorhandenen Stimme für ein anderes Instrument bestehen, kann keine Beteiligung beansprucht werden.
(Verteilungsplan der GEMA für das Aufführungs- und Senderecht § 4, 2. G Fußnote)

35 – Einführung des Schätzungsverfahrens

Das Schätzungsverfahren wurde am 24.1.1956 eingeführt gemäß Beschluß der Hauptversammlung der GEMA und trat mit Wirkung vom GEMA-Geschäftsjahr 1955 in Kraft.

37 – Geschäftsordnung für das Schätzungsverfahren der Bearbeiter

§ 1

(1) Es wird eine Schätzungskommission aus
     5 Bearbeitern
     und
     3 Stellvertretern
gebildet.

Wählbar sind Mitglieder mit mindestens zehnjähriger Mitgliedschaft. Davon müssen fünf Jahre auf die ordentliche Mitgliedschaft entfallen. Aufsichtsratsmitglieder sind nicht wählbar.

Bearbeiter (Fortsetzung)

(2) Die Mitglieder der Schätzungskommission werden auf die Dauer von 4 Jahren nach Anhörung der Vorschläge des Aufsichtsrates durch die Mitgliederversammlung nach den Grundsätzen gewählt, die für die Wahl von Aufsichtsratsmitgliedern gelten.

Andere Wahlvorschläge können in den Berufsgruppenversammlungen erfolgen. Die Kommissionsmitglieder bleiben bis zum Ablauf der vierten auf die Wahl folgenden ordentlichen Mitgliederversammlung im Amt. Wiederwahl ist zulässig.

§ 3

(5) **Die nach Abs. (2) erforderlichen Unterlagen sind bis zum 15. März des auf das vorangegangene Kalenderjahr folgenden Jahres einzureichen. Im Unterlassungsfalle erhält das Mitglied lediglich die Wertungspunkte zuerkannt, die ihm im Jahr zuvor nach Abs. (3) zugesprochen wurden. Wer jedoch zwei oder mehr Jahre hintereinander keine Unterlagen einreicht, erhält überhaupt keine Wertungspunkte mehr.**

Mitglieder, die ihre Werke nur mit Hilfe anderer schreiben, also über das berufsmäßige Können nicht verfügen, können keine Schätzung erhalten.

Das Mitglied kann zum Nachweis seines berufsmäßigen Könnens aufgefordert werden.

(8) **In Fällen von falschen Angaben, die einen rechtswidrigen Vermögensvorteil bezwecken, sind der Vorstand und der Aufsichtsrat zur Verhängung von Konventionalstrafen berechtigt.**

Das Recht auf Ausschluß nach § 9 A Ziff. (4) der Satzung bleibt davon unberührt.

(Geschäftsordnung für das Schätzungsverfahren der Bearbeiter § 1 (1) (2) 3 (5, 8)

38 – Beteiligung am Schätzungsverfahren
I. Bearbeitungen

Circa 60% der zur Verfügung stehenden Summe werden anhand der eingereichten Unterlagen nach folgendem Schlüssel verteilt:

A) Bearbeitungen für Industrieschallplatten und Tonträger von regionaler Verbreitung oder wirtschaftlich geringer Bedeutung   2 Punkte

Bearbeiter (Fortsetzung)

B) 1. Bearbeitungen für Rundfunk und Fernsehen im Auftrag von Rundfunkanstalten oder von Band-Produktionen 2 Punkte

AA) für mechanisches Vervielfältigungsrecht 1/2 Punkt

BB) für die übrigen Rechte 1 1/2 Punkte

2. Bearbeitungen für Rundfunk (Spieldauer länger als 8 Minuten) Partiturbesetzung ab 19 Stimmen pro Minute 1 Punkt

AA) für mechanisches Vervielfältigungsrecht pro Minute 1/4 Punkt

BB) für die übrigen Rechte pro Minute 3/4 Punkt

C) Bearbeitungen für Industrieschallplatten 3 Punkte

AA) für mechanisches Vervielfältigungsrecht 1 Punkt

BB) für die übrigen Rechte 2 Punkte

D) Bearbeitungen für Industrieschallplatten, die im Verkauf bei etwa 20 000 Stück und höher liegen, werden **im darauffolgenden Jahr nochmals** berücksichtigt.

Als Spezialbearbeitungen im Sinne des Verfahrens gelten solche Arbeiten, die entweder im Auftrag einer Rundfunk- oder Fernsehanstalt, einer Schallplattenfirma, eines Verlegers oder einer sonstigen Produktionsgemeinschaft für die Herstellung eines Tonträgers ausgeführt wurden und nicht im Druck erschienen sind. Vorbedingung ist weiterhin, daß von Verlagen oder Produktionsgemeinschaften in Auftrag gegebene Spezialbearbeitungen für Sende- oder Vervielfältigungszwecke von Rundfunk- oder Fernsehanstalten oder Schallplattenfirmen übernommen werden. Für die Verrechnung einer Spezialbearbeitung kann nur ein einzelner Bearbeiter in der Schätzung berücksichtigt werden.

Bearbeitungen, die länger als etwa 3 Minuten dauern, werden entsprechend multipliziert.

39 – II. Jahre der Teilnahme am Schätzungsverfahren

(3) Circa 35 % der zur Verfügung stehenden Summe werden wie folgt verteilt:

Mitglieder, die

A) mindestens 3 Jahre am Schätzungsverfahren beteiligt gewesen sind, erhalten zusätzlich 1 Wertungspunkt,

Bearbeiter (Fortsetzung)

B) mindestens 5 Jahre am Schätzungsverfahren beteiligt gewesen sind, erhalten 2 Wertungspunkte,
C) länger als 10 Jahre am Schätzungsverfahren beteiligt gewesen sind, erhalten zusätzlich 3 Wertungspunkte,
D) länger als 20 Jahre am Schätzungsverfahren beteiligt gewesen sind, erhalten zusätzlich 4 Wertungspunkte.

Im übrigen kann die Kommission je nach Gesamtschaffen zusätzlich bis zu 10 Wertungspunkte zuerkennen. Dies gilt ebenfalls für Bearbeiter, die noch nicht 3 Jahre am Schätzungsverfahren beteiligt gewesen sind.

(Geschäftsordnung für das Schätzungsverfahren § 3 [2] A-D, § 3, [3] A-D)

40 – Keine Beteiligung am Schätzungsverfahren

Nicht berücksichtigt werden:

a) Bearbeitungen freier Werke. Sollten freie Werke durch Bearbeitungen wieder geschützt sein, werden Spezialbearbeitungen dieser Werke ebenfalls nicht berücksichtigt.
b) Bearbeitungen eigener Kompositionen, die der GEMA als Manuskript gemeldet wurden oder im Eigenverlag erschienen sind.
c) Rundfunk- und Fernsehspezialbearbeitungen, die der Anmeldende der GEMA bereits als Original-Bearbeiter angemeldet hat, sofern das Werk nicht verlegt ist.
d) Bearbeitungen im Auftrag von ausländischen Rundfunk- und Fernsehanstalten, Schallplattenherstellern und Verlegern, die mit der GEMA in keinem Vertragsverhältnis stehen.
e) Bearbeitungen, für die in Zweifelsfällen auf Anforderung der Schätzungskommission eine Partitur oder ein Particell nicht vorgelegt werden können.
– Wer zwei oder mehr Jahre keine Unterlagen einreicht, erhält überhaupt keine Wertungspunkte mehr.
– Mitglieder, die ihre Werke nur mit Hilfe anderer schreiben, also über das berufsmäßige Können nicht verfügen, können keine Schätzung erhalten.

(Geschäftsordnung für das Wertungsverfahren § 3 [2] a-e [5])

Bearbeiter (Fortsetzung)

41 – Zuweisungen nach 15 Geschäftsjahren der Beteiligung am Schätzungsverfahren

Mitglieder, welche 15 Geschäftsjahre ununterbrochen am Schätzungsverfahren beteiligt gewesen sind, erhalten vom 16. Jahre an die Wertungspunkte nach Abs. (3) automatisch weiter zuerkannt. Diese Wertungspunkte werden in Höhe von 75 % auch den Witwen oder minderjährigen Abkömmlingen dieser Mitglieder weiterhin zuerkannt. Wenn weder ein überlebender Ehegatte noch Kinder vorhanden sind, kann ausnahmsweise mit Zustimmung des Aufsichtsrats auch ein langjähriger Lebensgefährte, der Erbe ist, als Beteiligter anerkannt werden.

(Geschäftsordnung für das Schätzungsverfahren der Bearbeiter § 3, [6])

42 – Spezialbearbeitungen

Unabhängig von der Bearbeitungsbeteiligung im Verteilungsplan der GEMA werden die Spezialbearbeitungen in den Musikverwertungsgebieten E, U, VK, R, Fs, M und FM im Schätzungsverfahren der Bearbeiter verrechnet.

Druckbearbeiter →Nr. 56, nehmen nicht am Schätzungsverfahren teil.

(Verteilungsplan der GEMA für das Aufführungs- und Senderecht, § 4, 7.)

43 – Bewertung des Gesamtschaffens eines Bearbeiters

Die Schätzungskommission kann je nach Gesamtschaffen zusätzlich bis zu 10 Wertungspunkte zuerkennen.

(Geschäftsordnung für das Schätzungsverfahren der Bearbeiter § 3, [3])

44 Beiträge zu Sammlungen, begrenztes Nutzungsrecht

Gestattet der Urheber die Aufnahme des Werkes in eine periodisch erscheinende Sammlung, so erwirbt der Verleger oder Herausgeber ein ausschließliches Nutzungsrecht zur Vervielfältigung und Verbreitung. Jedoch darf der Urheber das Werk nach Ablauf eines Jahres seit Erscheinen anderweitig vervielfältigen und verbreiten, wenn nichts anderes vereinbart ist.
(UrhG § 38, [1])

45 Berufsgruppe bei der GEMA = Kurie, Berufsgruppen-Zugehörigkeit

Urheber, die in mehreren Sparten tätig sind, werden in der Berufsgruppe gewertet, in der sie das höhere Aufkommen oder für die sie votiert haben.

46 Beschwerdeausschuß

Im Juli 1981 wurde durch die Mitgliederversammlung einem Antrag zugestimmt, wonach Mitglieder bei Verletzung ihrer berechtigten Interessen den Beschwerdeausschuß anrufen können.

Der Ausschuß besteht aus je einem Vertreter der drei Berufsgruppen und einem Vorsitzenden. Die Berufsgruppenvertreter dürfen nicht Mitglieder des Aufsichtsrates sein; sie werden durch die Mitgliederversammlung nach Anhörung der Vorschläge des Aufsichtsrates für drei Jahre gewählt. Andere Vorschläge können in den Berufsgruppenversammlungen erfolgen.

Aus einer vom Aufsichtsrat aufzustellenden Liste wählen die Berufsgruppenvertreter den Vorsitzenden. Beschwerden müssen an den Vorstand der GEMA gerichtet werden. Falls Vorstand oder Aufsichtsrat von sich aus nicht abhelfen können, so geht die Beschwerde an den Beschwerdeausschuß. Der Ausschuß erläßt auf Antrag des Mitgliedes eine Entscheidung, die innerhalb von 6 Monaten erfolgen soll. Solange der Beschwerdeausschuß nicht entschieden hat, ist der Rechtsweg zu den ordentlichen Gerichten ausgeschlossen. Der Beschwerdeausschuß gibt sich eine Geschäftsordnung, die der Mitgliederversammlung vorgelegt werden muß.

(Satzung der GEMA § 16 C, 1.-6.)

47 Beteiligungsquoten der Berufsgruppen am GEMA-Repertoire (1985)

E	Ernste Musik	Urheber	69,84	
		Komponisten		59,05
		Bearbeiter		5,95
		Textdichter		4,84
		Verleger	30,16	
U-VK	Unterhaltungs- und Tanzmusik, Varieté, Kabarett- und Zirkus-Veranstaltungen	Urheber	65,04	
		Komponisten		36,13
		Bearbeiter		15,35
		Textdichter		13,56
		Verleger	34,96	

M	Mechanische Musik	Urheber	67,47	
		Komponisten		42,63
		Bearbeiter		6,44
		Textdichter		18,40
		Verleger	32,53	
FM	Funktionelle Musik	Urheber	66,85	
		Komponisten		52,45
		Bearbeiter		5,96
		Textdichter		8,44
		Verleger	33,15	
R	Tonrundfunk SR	Urheber	70,04	
		Komponisten		49,96
		Bearbeiter		4,90
		Textdichter		15,18
		Verleger	29,96	
	Tonrundfunk VR	Urheber	62,26	
		Komponisten		40,80
		Bearbeiter		1,99
		Textdichter		19,47
		Verleger	37,74	
FS	Fernsehrundfunk SR	Urheber	79,94	
		Komponisten		67,31
		Bearbeiter		3,07
		Textdichter		9,56
		Verleger	20,06	
	Fernsehrundfunk VR	Urheber	73,63	
		Komponisten		61,71
		Bearbeiter		2,07
		Textdichter		9,85
		Verleger	26,37	
T-FS	Tonfilm im Fernsehen	Urheber	88,97	
		Komponisten		81,20
		Bearbeiter		3,56
		Textdichter		4,21
		Verleger	11,03	
T	Tonfilm	Urheber	66,83	
		Komponisten		63,17
		Bearbeiter		1,23
		Textdichter		2,43
		Verleger	33,17	

VR	Phono	Urheber	59,32
		Komponisten	30,90
		Bearbeiter	5,35
		Textdichter	23,07
		Verleger	40,68
BT-VR	Bildtonträger	Urheber	73,71
		Komponisten	64,58
		Bearbeiter	2,50
		Textdichter	6,63
		Verleger	26,29

48 Beteiligungsverhältnis / Aufkommen 1987

A Ordentliche Mitglieder: 59,59 %
  Außerordentliche Mitglieder 13,66 %
  Angeschlossene Mitglieder 15,80 %
  Rechtsnachfolger 10,95 %

B Erträge nach Sparten
  1. Rundfunk/Fernsehen 27,12 %
  2. Lebende Musik 9,83 %
  3. Mechanische Musik 8,24 %
  4. Tonfilm 1,05 %
  5. Funktionelle Musik 0,67 %
     Bibliothekstantiemen 0,05 %
  6. Phono, VR 30,18 %
  7. Bildtonträger BT 2,91 %
  8. Ausland 8,02 %
  9. AWA (DDR) 0,31 %

49 Bibliothekstantieme, Beteiligungsverhältnis

6. Das Beteiligungsverhältnis an den Einnahmen aus der Bibliothekstantieme wird bis 31.12.1990 wie folgt festgelegt:

   Für die Nutzungsart Noten 77 %
   Für die Nutzungsart Tonträger 20 %
   Für die Nutzungsart Bildtonträger 3 %

   Die Verteilung an die Bezugsberechtigten erfolgt im ersten Falle nach § 1 Ziff. 4 der Allgemeinen Grundsätze zum Verteilungsplan für das Aufführungs- und Senderecht, im zweiten Falle nach Abschn. IV Ziff. 9 der Ausführungsbestimmungen zum Verteilungsplan für das mechanische Vervielfältigungsrecht, im dritten Falle nach Abschn. VI Ziff. 7 der Ausführungsbestimmungen zum Verteilungsplan für das mechanische Vervielfältigungsrecht, im dritten Falle nach Abschn. VI Ziff. 7 der Ausführungsbestimmungen zum Verteilungsplan für das mechanische Vervielfältigungsrecht.

(Verteilungsplan für das Aufführungs- und Senderecht § 1, [6])

C

50 Chansons, höhere Einstufung auf Antrag

Soweit der Werkausschuß Chansons oder textierte Werke der U-Musik, die auf Antrag unter Abschnitt X Ziff. 3 und Abschnitt XI. Ziffer 3 a eingestuft worden sind, als gleichrangig in Musik und Text ansieht, ändern sich mit Wirkung vom 1. Januar 1982 die Anteile von Komponisten und Textdichtern in Ziff. 2 wie folgt:

Komponist	6/12
Textdichter	6/12
Komponist	6/12 (5/12)
Bearbeiter	1/12 (2/12
Textdichter	5/12
Komponist	4/12
Textdichter	4/12
Verleger	4/12

(Verteilungsplan für das Aufführungs- und Senderecht, § 4, 10)

51 CISAC

auch Konföderation genannt (Abkürzung für Confédération Internationale des Societés d'Auteurs et Compositeurs).
Die GEMA ist Mitglied bei der II. (Aufführungs- und Senderechte) und III. (Mechanische Vervielfältigungsrechte) Föderation.

D

52 Darlehen von der GEMA

In besonders gelagerten Fällen kann ein GEMA-Mitglied einen Barkredit erhalten.
Die Genehmigung hierzu muß von der GEMA eingeholt werden, die auch die Höhe des Krediles festlegt.
Der Betrag soll das Jahresaufkommen des Antragstellers nicht überschreiten und muß in 4 Jahren aus GEMA-Einnahmen in 4 gleichen Jahresraten von der GEMA einbehalten werden. Der

mögliche Höchstbetrag solcher Kredite wird vom Aufsichtsrat der GEMA festgelegt.

(Anfragen sind zu richten an die Direktion Finanzen und Wirtschaft, Mitglieder-Buchhaltung Generaldirektion München)

53 Dauer des Urheberrechts in der Bundesrepublik Deutschland

Das Urheberrecht erlischt 70 Jahre nach dem Tode des Urhebers. (§ 64 [1] UrhG)

→ Schutzfristen anderer Staaten / Nr. 259

54 Deutsche Fassungen ausländischer Texte im deutschen Rundfunk

Der deutsche Textdichter erhält 30 %
der Subverleger 70 %
des in Deutschland verbleibenden Betrages.

(Ausführungsbestimmungen zum Verteilungsplan der GEMA für das mechanische Vervielfältigungsrecht V.29)

55 Deutsche Welle, Verrechnung

Für den Fall einer mittels Richtstrahler zu verschiedenen Zeiten nach verschiedenen Erdteilen ausgestrahlten Sendung der gleichen Programme erfolgt nur eine **einmalige** Verrechnung.

(Ausführungsbestimmungen zum Verteilungsplan der GEMA für das Aufführungs- und Senderecht V. 3, e)

56 Druckbearbeiter, Anspruch auf Beteiligung

Nur dann Anspruch als Bezugsberechtigter, wenn seine Bearbeitung vom Urheber genehmigt und der **GEMA** angemeldet ist.

(Verteilungsplan für das Aufführungs- und Senderecht § 4, C, D, G, H, § 4,4)

57 Drucklegung, Unterlassung

Wenn die Drucklegung innerhalb von 6 Monaten nach Ablieferung des Manuskriptes nicht erfolgt ist, kann der Urheber, falls nichts anderes mit dem Verleger vertraglich vereinbart ist, die GEMA benachrichtigen.

Hiernach kann bei der GEMA die Umregistrierung als Manuskript beantragt werden. Bereits gutgeschriebene Verlagsanteile können zurückgefordert werden.

(Ausführungen zum Verteilungsplan der GEMA für das Aufführungs- und Senderecht I. 5 [a])

E

58 Ehrenmitglied der GEMA

Auf Vorschlag des Aufsichtsrates kann an Mitglieder der GEMA die Ehrenmitgliedschaft verliehen werden.
Sie bedarf der Zustimmung der Mitgliederversammlung.
(Satzung der GEMA § 10, 6 d)

59 Eigene Konzerte von GEMA-Mitgliedern

Eigene Konzerte von GEMA-Mitgliedern sind ebenfalls gebührenpflichtig. (→ Lit. 2)

60 Einspruchsfristen bei Abrechnungen und Entscheidungen des Aufsichtsrates und der Ausschüsse

a)	Aufnahmeausschuß (bei Ablehnung als außerordentliches Mitglied)	6 Wochen
b)	Aufsichtsratsentscheidung	3 Wochen
c)	Schätzungskommission	8 Wochen
d)	Werkausschuß	8 Wochen
e)	Wertungsausschuß E (T)	8 Wochen
f)	Wertungsausschuß E (K)	8 Wochen
g)	Wertungsausschuß U (K)	8 Wochen
h)	Wertungsausschuß E (V)	8 Wochen
i)	Verteilung Phono (Berücksichtigung nur, wenn ein Mindestbetrag von 10,- DM pro Werk zu erwarten ist.)	3 Monate
k)	Verteilung für das Aufführungs- und Senderecht	6 Monate

zu a) Geschäftsordnung für das Aufnahmeverfahren § 9

zu b) Satzung der GEMA, § 9, § 9 A 4

zu c) Geschäftsordnung für das Schätzungsverfahren der Bearbeiter § 5, (2)

zu d) Geschäftsordnung für den Werkausschuß § 6

zu e) Geschäftsordnung für das Wertungsverfahren der Textdichter, E, § 7, (2)

zu f) Geschäftsordnung für das Wertungsverfahren der Komponisten in der Sparte E, § 8 (2) zu g) Geschäftsordnung für das Wertungsverfahren in der U- und Tanzmusik § 8, (2)

zu h) Geschäftsordnung für das Wertungsverfahren der Verleger in der Sparte E, § 4 (2)

zu i) Ausführungen zum Verteilungsplan der GEMA für das mechanische Vervielfältigungsrecht III. 2.

zu k) Verteilungsplan für das Aufführungs- und Senderecht IX. 5

61 Einspruch bei falscher Werkregistrierung

Gegen die Werkregistrierung kann vom Berechtigten innerhalb von drei Monaten nach Zugang der Mitteilung Einspruch erhoben werden. Der Berechtigte kann von dem Anmeldebogen eine Ablichtung gegen Erstattung der Selbstkosten erhalten.
(Ausführungsbestimmungen zum Verteilungsplan der GEMA für das Aufführungs- und Senderecht I. 1.)

62 Einzelaufstellungen der Werke

Es ist ratsam, Einzelaufstellungen als Dauerauftrag von der GEMA-Verwaltung zu erbitten.

63 Berechnung der Kosten

a) **Öffentliche Aufführungen E-Musik**
   pro **Titel** DM 2,- + USt.

b) **Öffentliche Aufführungen U-Musik**
   pro **Seite** DM 2,- + USt.

c) **Rundfunk** pro **Seite** DM 2,- + USt.

d) **Fernsehen** pro **Seite** DM 2,- + USt.

e) **Mechanisches Vervielfältigungsrecht**
   (Schallplatten, Cassetten) pro **Seite** DM 2,- + USt.

f) **Tonfilm** pro **Seite** DM 2,- + USt.

g) **Ausland** pro **Seite** DM 2,- + USt.

64 Elektronische Musik

Sie ist urheberrechtlich geschützt. (→ Lit. 2)

65 Entlastung des Vorstandes und des Aufsichtsrates der GEMA

Bei der alljährlichen Mitgliederversammlung wird auf Antrag eines Mitgliedes der Versammlung über die Entlastung des Vorstandes und des Aufsichtsrates getrennt abgestimmt.
(Satzung der GEMA § 10, 6, b)

66 Erben des Urhebers
– Vererbung des Urheberrechts

Das Urheberrecht ist vererblich.
Der Urheber kann durch letztwillige Verfügung die Wahrnehmung des Urheberrechts einem Testamentsvollstrecker übertragen.
(UrhG 28, [2])

67 – Rechtsnachfolger des Urhebers

Das Urheberrecht kann in Erfüllung einer Verfügung von Todes wegen oder an Miterben im Wege der Erbauseinandersetzung übertragen werden.
Im übrigen ist es nicht übertragbar.
Der Rechtsnachfolger des Urhebers hat die dem Urheber nach diesem Gesetz zustehenden Rechte, soweit nichts anderes bestimmt ist.
(UrhG 28, § 30)

68 – Nachweis der Erbberechtigung

Nach dem Tode eines Urhebers wird der Berechtigungsvertrag der GEMA mit den Erben fortgesetzt.
Erforderlicher Nachweis:
a) In der Regel durch Vorlage eines Erbscheines (der von der Ortsbehörde ausgestellt wird, wenn das Testament vorliegt)
oder
b) durch Vorlage eines Testamentsvollstreckerzeugnisses
oder
c) sonstiger vom Nachlaßgericht auszustellender Urkunden.
d) Sind mehrere Erben vorhanden, so müssen diese ihre Rechte durch einen Bevollmächtigten ausüben.
Der Bevollmächtigte, an den die GEMA die anfallenden Lizenzgebühren auszahlt, kann auch aus den Reihen der Erben bestellt werden.

Erben des Urhebers (Fortsetzung)

e) Die GEMA ist nicht verpflichtet, Auszahlungen zu leisten, solange die Erbfolge nicht nachgewiesen ist.

69 – Vererbung der Alterssicherung

Nach dem Tode des Urhebers erhalten die Erben die Zuwendungen aus der Alterssicherung letztmalig für das Geschäftsjahr, in dem der Urheber verstorben ist.

70 – Vererbung der Bearbeiterschätzung

Der Witwe oder den minderjährigen Abkömmlingen werden die Wertungspunkte aus § 3 (6) der Geschäftsordnung für das Schätzungsverfahren der Bearbeiter zu 75 % weiterhin zuerkannt.

71 – Vererbung des Wertungsanteils E-Musik

II. (1) Nach dem Tode des Urhebers sind Beteiligte am Wertungsverfahren nur dessen Ehegatte und seine Kinder, soweit sie Erben sind.

Leistungen an Waisen, soweit sie nicht schon Beteiligte am Wertungsverfahren sind, erfolgen nur bis zur Vollendung des 30. Lebensjahres.

(2) Voraussetzung für Zuwendungen an den Ehegatten ist, daß

a) die Ehe mindestens 3 Monate bestanden hat,

b) im Falle der Eheschließung nach Vollendung des 60. Lebensjahres des Mitglieds mit einem um mehr als 20 Jahre jüngeren Ehegatten die Ehe mindestens 10 Jahre, mit einem weniger als 20 Jahre jüngeren Ehegatten die Ehe mindestens 5 Jahre bestanden hat.

(3) Wenn weder ein überlebender Ehegatte noch Kinder vorhanden sind, kann mit Zustimmung des Aufsichtsrats auch ein langjähriger Lebensgefährte, der Erbe ist, als Beteiligter anerkannt werden.

(4) Der Wertungszuschlag gemäß § 5 Abs. (1) wird mit 33 1/3 % der Aufkommensbeträge berechnet. Punkte für die Dauer der Mitgliedschaft werden einschließlich des Todesjahres des Mitglieds vergeben.

Erben des Urhebers (Fortsetzung)

(5) Die Zuwendung beträgt jedoch höchstens 10 % der jeweils nach § 4 Abs. (1) für den Ausgleichsfonds zur Verfügung stehenden Gesamtsumme.

Eine Beteiligung am Wertungsverfahren scheidet bei Mißbrauch aus.

(Geschäftsordnung für das Wertungsverfahren der Komponisten in der Sparte E § 3 II. 1-5)

72 – Vererbung des Wertungsanteils U-Musik

Nach dem Tode des Urhebers sind Beteiligte am Wertungsverfahren nur dessen Ehegatte sowie seine Kinder, soweit sie Erben sind. Ausnahmsweise kann, wenn weder ein überlebender Ehegatte noch Kinder vorhanden sind, auch ein langjähriger Lebensgefährte, der Erbe ist, als Beteiligter anerkannt werden.

(Geschäftsordnung der GEMA für das Wertungsverfahren in der Unterhaltungs- und Tanzmusik § 3, [6])

73 – Vererbung des Wertungsanteils Textdichter, Sparte E

Für den überlebenden Ehegatten sind die gleichen Bestimmungen sinngemäß anzuwenden wie für den Autor.

(Geschäftsordnung der GEMA für das Wertungsverfahren der Textdichter in der Sparte E, § 4, [3], 1-5)

74 Ermittlung der Abrechnungsziffern der Werke

Die Abrechnungsabteilungen haben für jedes Werk in E- und U-Veranstaltungen die ermittelten Aufführungen mit den im Verteilungsplan festgelegten Verrechnungsschlüssel zu multiplizieren.
Bei Sendungen durch die Rundfunkanstalten werden die ermittelten Sendeminuten pro Werk mit den im Verteilungsplan festgelegten Verrechnungsschlüsseln (Rundfunk) multipliziert.
→ Nr. 76 - 87, 285, 296
Für Tonfilmaufführungen gelten die Bestimmungen unter Abschnitt XV. → Nr. 305
(Ausführungsbestimmungen der GEMA zum Verteilungsplan für das Aufführungs- und Senderecht VI.)

75 Ermittlung der von Musikverwertern nicht gemeldeten Werke

Macht ein Bezugsberechtigter innerhalb zwölf Monaten nach Abrechnung (vgl. Abschnitt IX Ziff. 5) glaubhaft, daß Aufführungen stattgefunden haben, ohne daß diese in den verwertbaren Programmen enthalten sind, werden diese Aufführungen mit der nächstfälligen Abrechnung in der zuständigen Sparte verrechnet.

(Ausführungsbestimmungen zum Verteilungsplan der GEMA für das Aufführungs- und Senderecht V. 1.2.)

76 Ermittlung von Aufführungen im Tonrundfunk und Fernsehrundfunk

In den Sparten Tonrundfunk und Fernsehrundfunk erfolgt die Feststellung der Aufführungen aufgrund der durch die Rundfunkanstalten gelieferten Programme. Als **eine** Aufführung wird eine Sendung durch eine der folgenden Sende-Gruppen verrechnet:

(1) Bayerischer Rundfunk München (BR)
(2) Hessischer Rundfunk Frankfurt (HR)
(3) Norddeutscher Rundfunk Hamburg (NDR)
(4) Radio Bremen (RB)
(5) Süddeutscher Rundfunk Stuttgart (SDR)
(6) Sender Freies Berlin (SFB)
(7) Saarländischer Rundfunk Saarbrücken (SR)
(8) Südwestfunk Baden-Baden (SWF)
(9) Westdeutscher Rundfunk Köln (WDR)

Sonstige Anstalten

(10) Deutsche Welle Köln (DW)
(11) Deutschlandfunk Köln (DLF)
(12) RIAS Berlin (RIAS)
(13) Zweites Deutsches Fernsehen, Mainz (ZDF)

Schließen sich mehrere Rundfunkanstalten zu einer gemeinsamen Sendung zusammen, wird die Sendezeit mit der Zahl der angeschlossenen deutschen Rundfunkanstalten in der Bundesrepublik Deutschland multipliziert. **Die Sendungen des ZDF werden wie ein Gemeinschaftsprogramm aller ARD-Anstalten verrechnet.** Mögliche Regionalsendungen des ZDF werden wie Sendungen einzelner der vorstehend genannten Rundfunkanstalten verrechnet.

Wird ein Programm einer Rundfunkanstalt gleichzeitig über mehrere Wellenbereiche der gleichen Rundfunkanstalt ausgestrahlt, z.B. über MW und UKW usw., so erfolgt nur eine einmalige Verrechnung.

Ermittl. von Aufführungen im Ton- u. Fernsehrundfunk (Forts.)

Für den Fall einer mittels Richtstrahler zu verschiedenen Zeiten nach verschiedenen Erdteilen ausgestrahlten Sendung der gleichen Programme erfolgt nur eine einmalige Verrechnung.

Die Sendungen von Radio Freies Europa (RFE) werden zu einem Viertel, die Tonrundfunk-Sendungen von Radio Luxemburg (RTL plus) und SAT 1 werden mit einem Sechstel verrechnet.

Bei Gemeinschaftssendungen von einzelnen oder allen Rundfunkanstalten der ARD mit dem ZDF erfolgt die Verrechnung wie bei einer Gemeinschaftssendung aller ARD-Anstalten.

Ist im Falle von Sondersendungen im Fernsehrundfunk eine Rundfunkanstalt nicht vollständig angeschlossen, so erfolgt die Verrechnung für diese Rundfunkanstalt mit der Hälfte der Sendezeit.

Soweit Verträge mit anderen hier nicht genannten Unternehmen für Rundfunksendungen geschlossen werden, erfolgt die Verrechnung im Verhältnis zur Höhe der Vergütung.

Die Verrechnung erfolgt sowohl beim Tonrundfunk als auch beim Fernsehrundfunk aufgrund der Spieldauerangaben der durch die Rundfunkanstalten gelieferten Programme.

In der Sparte Tonfilm wird die Zahl der Aufführungen jedes einzelnen Filmes an Hand der Programme der Filmtheater festgestellt.

(Ausführungsbestimmungen zum Verteilungsplan für das Aufführungs- und Senderecht V. 3-5)

77 – Regionale-, subregionale- und Stadtsender – Verrechnung –

1) **Regionalsendung** (Verrechnung mit 1/2 der Sendezeit)
   Sendung durch eine Landesrundfunkanstalt oder durch ein Landesstudio für einen Teilbereich von mindestens 1/3 des Sendegebietes (Ausstrahlungen des NDR nur für Hamburg gelten ebenfalls als Regionalsendung).

2) **Subregionalsendung** (Verrechnung mit 1/4)
   Sendung nur für einen Teilbcreich unter 1/3 des Sendegebietes durch Landesstudios.

   Schließen sich zwei subregionalsendende Landesstudios zu einer Gemeinschaftssendung zusammen, dann erfolgt die Verrechnung wie eine Regionalsendung mit 1/2 der Sendezeit. Gibt es im Sendebereich mehr als 6 Landesstudios, dann erfolgt die Erhöhung auf 1/2 erst bei einem Zusammenschluß von 3 Studios.

Ermittl. von Aufführungen im Ton- u. Fernsehrundfunk (Forts.)

3) **Stadtsender** (Verrechnung mit 1/10)
Sendungen nur für ein Teilgebiet (Stadtbereich) innerhalb einer ARD-Anstalt von höchstens 10 % des Gesamtsendegebietes. (Radio Bremen, RIAS, SFB und NDR Hamburg sind nicht als Stadt-Sender zu behandeln.)

78 – Besonderheiten einzelner Sender – –Verrechnungsmodalitäten

1) Keine Teilsendungen sind bekannt von nachstehenden Rundfunkanstalten:
Radio Bremen
RIAS
SFB
Saarländischer Rundfunk
Deutschlandfunk
Deutsche Welle

79 – Bayerischer Rundfunk

a) Im Falle der Abkoppelung des „Studio Nürnberg" Verrechnung wie ein Regionalprogramm mit 1/2.

b) Die Sendung „Bayern regional" (2. Programm 12.05 Uhr) wird im Falle der Ausstrahlung über folgende UKW-Bereiche mit 1/4 verrechnet:
München
Oberbayern
Niederbayern/Oberpfalz
Mainfranken
Mittel- und Oberfranken
Schwaben

80 – Süddeutscher Rundfunk

a) Ausstrahlungen der folgenden Regionalstudios werden mit 1/2 verrechnet:
Heidelberg
Mannheim
Karlsruhe
Heilbronn
Ulm

b) Wegen ihres Stadtcharakters werden Eigensendungen innerhalb des 4. Programms mit 1/10 verrechnet von:
Kurpfalz-Radio
Badenradio

Ermittl. von Aufführungen im Ton- u. Fernsehrundfunk (Forts.)

Radio Stuttgart
Ulmer Schwabenradio
Frankenradio Heilbronn

81 – Südwestfunk

a) Ausstrahlungen der folgenden Landesstudios werden mit 1/2 verrechnet:
Rheinland-Pfalz/Mainz
Freiburg
Tübingen

b) Eigensendungen im Subregional- oder Stadtbereich sind nicht bekannt von den Studios in:
Kaiserslautern
Koblenz
Ludwigshafen
Trier
Konstanz
Stuttgart
Ravensburg

oder den Regionalbüros in:
Landau
Idar-Oberstein
Lörrach
Offenburg
Biberach/Riß
Villingen-Schwenningen

82 – Hessischer Rundfunk

a) Ausstrahlungen der folgenden Studios werden mit 1/4 verrechnet:
Kassel (Radio Kurhessen)
Bensheim (Radio Bergstraße)
Rhein-Main (Radio Frankfurt)
Fulda (Radio Fulda)
Wetzlar (Radio Lahn)

83 – Westdeutscher Rundfunk

a) Ausstrahlungen der folgenden Studios bzw. Landesstudios werden mit 1/4 verrechnet:
Bielefeld
Düsseldorf
Essen
Köln

Ermittl. von Aufführungen im Ton- u. Fernsehrundfunk (Forts.)

    Münster
    Aachen
    Siegen
    Wuppertal

b) Das Landesstudio Dortmund war von 1986-1988 mit dem Kabelpilotprojekt Dortmund befaßt. Das lokale Hörfunkangebot wird von „Radio Dortmund" fortgeführt und mit 1/10 (Stadtsender) verrechnet. Beiträge des Landesstudios laufen über den Hauptsender (= volle Verrechnung).

84 – Norddeutscher Rundfunk

a) Ausstrahlungen der Landesfunkhäuser
Hamburg („Hamburg-Welle")
Niedersachsen/Hannover („Radio Niedersachsen")
Schleswig-Holstein/Kiel („Welle Nord")
für ihren Bereich werden mit 1/2 verrechnet. Ausstrahlungen eines Landesfunkhauses im gesamten Sendebereich des NDR werden voll verrechnet.

85 – Fernsehen

1.) **Sendungen für den gesamten Sendebereich** = 1 Auff.

    BR: Bayernstudio München
    HR: Hessen heute
    RB: Buten und Binnen
    SFB: Abendschau
    SR: SR-Aktuell (1. Progr.)
           Saar 3 regional (3. Progr.)
    WDR: Hier und heute (1. Progr.)
           Aktuelle Stunde (3. Progr.)

86 – Sendung durch eine Landesfunkanstalt oder durch ein Landesstudio   = 1/2 Auff.

    BR: Aus Schwaben und Alt-Bayern
             Franken-Chronik
    NDR: Hamburger Journal (NDR, Hamburg)
             Hallo Niedersachsen (NDR, Hannover)
             Schleswig-Holstein-Magazin (NDR, Kiel)
    SDR: Landesschau für Baden-Württemberg
    SWF: Landesschau für Rheinland-Pfalz

Ermittl. von Aufführungen im Ton- u. Fernsehrundfunk (Forts.)

87 – Subregionalsendung durch ein Landesstudio nur für einen Teilbereich des Sendegebiets = 1/4 Auff.

WDR: Fensterprogramme (innerhalb der
„Aktuellen Stunde")
Studio Bielefeld
Landesstudio Düsseldorf
Studio Essen
Landesstudio Köln
Landesstudio Münster
Landesstudio Dortmund

(Ausführungsbestimmungen zum Verteilungsplan der GEMA für das Aufführungs- und Senderecht V. 3.c)

– Rundfunk und Fernsehsendungen private – Verrechnung

Sat 1	1/ 6
Radio Schleswig-Holstein	1/ 4
Radio FFN Niedersachsen	1/ 5
Radio Hamburg	1/ 6
Radio Gong 2000	1/10
Radio 100, 6 Berlin	1/11
RPR Rheinland-Pfalz	1/11
RIAS TV	1
RFE	1/ 4
Radio Luxemburg	1

88 Evergreens der Tanzmusik und Standardwerke der Unterhaltungsmusik

(7) Die Aufnahme von Titeln in den Katalog der Standardwerke der Unterhaltungsmusik und der Evergreens der Tanzmusik erfolgt nur auf Antrag.

Für die Aufnahme in den Katalog gelten folgende Voraussetzungen:

a) Das Originalwerk muß vor mindestens 15 Jahren in einer gedruckten und in der Europäischen Wirtschaftsgemeinschaft erschienenen Ausgabe veröffentlicht sein.

b) Das Standardwerk muß in den letzten 3 Jahren im Jahresdurchschnitt mindestens 750, das Evergreen in den letzten 3 Jahren im Jahresdurchschnitt mindestens 2500 Kapellenaufführungen gehabt haben.

Diese Aufführungszahlen müssen in den Sparten U, UD und VK ohne Potpourri-Aufführungen erreicht worden sein.

Die nach § 5 (3) F) und G) dieser Geschäftsordnung errechneten Punkte bleiben erhalten.

c) Auf Antrag der Bearbeiter oder Verleger können auch Potpourris in den Katalog der Evergreens und Standardwerke aufgenommen werden, wenn sie vor mindestens 15 Jahren in einer gedruckten und in der Europäischen Wirtschaftsgemeinschaft erschienenen Ausgabe veröffentlicht worden sind, in den letzten drei Jahren im Durchschnitt mindestens 2000 Kapellenaufführungen gehabt haben und aus der Werkanmeldung eindeutig der alleinberechtigte Verleger und der alleinberechtigte Bearbeiter erkennbar sind.

(Geschäftsordnung der GEMA für das Wertungsverfahren in der Unterhaltungs- und Tanzmusik § 5 [7] a], b], c])

F

89 Förderungspreise und Stipendien steuerfrei?

Förderungspreise und Stipendien müssen nach den jeweiligen Bestimmungen der Finanzämter als Zuschuß für eine Weiterbildung und nicht als Lebensunterhaltszuschuß deklariert werden. Dann sind sie steuerfrei. Es ist auf jeden Fall anzuraten, sich beim zuständigen Finanzamt in dieser Frage beraten zu lassen.

90 Freie Benutzung

Ein selbständiges Werk, das in freier Benutzung eines anderen geschaffen worden ist, darf ohne Zustimmung des Urhebers des benutzten Werkes veröffentlicht und verwertet werden. Dies gilt nicht für die Benutzung eines Werkes der Musik, durch welche eine Melodie erkennbar dem Werk entnommen und einem neuen Werk zugrunde gelegt wird.

(UrhG § 24 [1], [2])

91 Funktionelle Musik (1977 eingeführt)

auch Hintergrundmusik oder background-music genannt, wie sie in Betrieben der gewerblichen Wirtschaft, in Einzelhandelsgeschäften, Warteräumen, Aufzügen, Hotels und Verkehrsmitteln zu verkaufs- oder leistungsfördernden Zwecken oder zur Unterhaltung gespielt wird, ist gebührenpflichtig.

G

92 Gastwirtshaftung

Auch wenn die Musiker durch einen Gastwirt **nicht** engagiert werden, haftet er für unerlaubtes Musizieren.
(Lit. 2)

93 GEMA-Besuchszeiten

Berlin und München
Montag – Donnerstag
9.00 - 12.00 und 13.00 - 17.00 Uhr
Freitag
9.00 - 12.00 und 13.00 - 14.30 Uhr

94 GEMA-Datenbank-System

Mit der Firma Siemens hat die GEMA ein Datenbanksystem entwickelt. Damit werden alle für Dokumentation und Abrechnung erforderlichen Unterlagen auf engstem Raum elektronisch gespeichert.

Täglich finden in Berlin und München rund 90.000 Dialogschritte statt. Zur Bearbeitung eines Vorganges (z.B. Suchen eines Werkes) sind stets mehrere Dialogschritte notwendig.

GEMA-Organisationsplan

Generaldirektion
Vorstand und Generaldirektor Prof. Dr. h.c. Erich Schulze
ab 1990 Prof. Dr. Reinhold Kreile
Stellvertretung in München: Finanz- und Verwaltungsdirektor Dr. Frank Schubert
Stellvertretung in Berlin: Direktor Burghard Weißhuhn

95 Berlin

Bayreuther Straße 37/38, 1000 Berlin 30
Postanschrift: Postfach 30 12 40, 1000 Berlin 30
Telefon: (030) 21 04-1

Hauptverwaltung
Referat Wertung (W) Abteilungsdirektorin Anita Leupold
Direktion Dokumentation (Dok)
Direktor Burghard Weißhuhn
Direktion Abrechnung (Abre) Direktor Norbert Timm

96 München

Rosenheimer Straße 11, 8000 München 80
Postanschrift: Postfach 80 07 67, 8000 München 80
Telefon: (089) 480 03-00

Hauptverwaltung
Chefsekretariat (Sekr) Ingeborg Hammann, Christa Zobel

Betriebsorganisation (Org) Direktor Dr. Frank Schubert,
Personaldirektor Peter Hennig

Referat Musikwissenschaft und Information (MRI)
Direktor Dr. Michael Karbaum

Referat Rundfunk Neue Medien (RdfNM)
Abteilungsdirektor Hermann von Bülow

Referat Schrifttum und Internationale
Rechtsvergleichung (IntRV)
Abteilungsdirektor Marcel Schulze

Revision (Rev) Abteilungsleiter Johann Duda

Direktion Mitglieder und Personal (MP)
Mitgliederabteilung, Mitgliederbüro Berlin
Personalabteilung – Personaldirektor Peter Hennig

Direktion Finanzen und Wirtschaft (FW)
Direktor Dr. Frank Schubert
Stellvertreter: Abteilungsdirektor Herfried Glammert

Direktion Industrie (Ind)
Direktor Fritz Driese, Stellvertreter für Inkasso:
Abteilungsdirektor Reinhard Nicklas,
Stellvertreter für Abrechnungsabteilung VR:
Abteilungsdirektor Günter Kabbert

97 Vertretung Bonn

Adenauerallee 134, 5300 Bonn 1
Postanschrift: Postfach 19 01 69
Telefon: (02 28) 21 93 70

Vertretung Bonn und Referat Presse
Dr. Gabriel M. Steinschulte, Martina Schütz M.A.

98 GEMA – Bezirksdirektion und Außenstellen

Augsburg
Schaezlerstraße 17, 8900 Augsburg, Tel. (08 21) 3 66 08
Bezirksdirektor Hubertus Rodler

Bayern: Regierungsbezirk Schwaben Baden Würtemberg:
Regierungsbezirk Südwürttemberg-Hohenzollern, Regierungsbezirk Südbaden

Berlin
Ernst-Reuter-Platz 10, 1000 Berlin 10, Tel. (030) 341 00 61
Bezirksdirektor Henning Gebken
Berlin West

Dortmund
Südwall 17-19, 4600 Dortmund, Tel. (02 31) 577 01-0
Bezirksdirektor Theo Borges
Nordrhein-Westfalen Regierungsbezirk Arnsberg ohne kreisfreie Stadt Herne
Vom Regierungsbezirk Münster: kreisfreie Stadt Münster
Kreise: Coesfeld, Steinfurt, Warendorf
Regierungsbezirk Detmold

Düsseldorf
Aachener Straße 164, 4000 Düsseldorf 1, Tel. (02 11) 157 51-0
Bezirksdirektor Rainer Hörr
Nordrhein-Westfalen
Vom Regierungsbez. Düsseldorf: kreisfreie Städte: Düsseldorf, Duisburg, Essen, Krefeld, Mülheim-Ruhr, Oberhausen, Wuppertal

Hamburg
Schierenberg 66, 2000 Hamburg 73, Tel. (040) 679 09 30
Bezirksdirektor Michael Leská
Hamburg, Schleswig-Holstein, Niedersachsen:
u.a. Regierungsbezirk Lüneburg, Bremen

Hannover
Blücherstraße 6, 3000 Hannover 1, Tel. (05 11) 85 20 14
Bezirksdirektor Alexander Coester
Niedersachsen

Außenstelle:
Hindenburgstr. 37, 2900 Oldenburg, Tel. (04 41) 750 81/82
Verwaltungsbezirk Oldenburg, Regierungsbezirk Aurich,
Regierungsbezirk Osnabrück

Köln
Mohrenstraße 7-9, 5000 Köln 1, Tel. (02 21) 160 13-0
Bezirksdirektor Ferdinand Vetten
Nordrhein-Westfalen u.a. Regierungsbezirk Köln

München
Rosenheimer Straße 11, 8000 München 80, Tel. (089) 480 03-01
Bezirksdirektor Bernhard Haslbeck
Bayern, Regierungsbezirk Oberbayern, Regierungsbezirk Niederbayern

Nürnberg
Johannisstraße 1, 8500 Nürnberg 90, Tel. (09 11) 371 10
Bezirksdirektion Siegfried Patzelt
Bayern, Regierungsbezirk Mittelfranken, Regierungsbezirk
Oberfranken, Regierungsbezirk Unterfranken, Regierungsbezirk Oberpfalz

Stuttgart
Herdweg 63, 7000 Stuttgart 1, Tel. (07 11) 222 74-0
Bezirksdirektor Wolfgang Daub
Baden-Württemberg, Regierungsbezirk Nord-Württemberg,
Regierungsbezirk Nordbaden

Wiesbaden
Abraham-Lincoln-Str. 20, 6200 Wiesbaden 1,
Tel. (0 61 21) 79 05-0
Bezirksdirektor Klaus-Dieter Böhm
Hessen, Saarland, Rheinland-Pfalz

99 GEMA-Ehrenring

Der Ehrenring wird von der GEMA auf Beschluß des Aufsichtsrates vom GEMA-Vorstand verliehen.

100 GEMA-Geschäftsordnungen

(auszugsweise)
1. Geschäftsordnung Aufnahmeverfahren – Nr. 185
2. Geschäftsordnung des Schiedsgerichts der GEMA – Nr. 257
3. Geschäftsordnung für den Aufsichtsrat – Nr. 19-23
4. Geschäftsordnung für den Vorstand – Nr. 321
5. Geschäftsordnung für den Programmausschuß – Nr. 238
6. Geschäftsordnung Schätzungsverfahren der Bearbeiter – Nr. 37
7. Geschäftsordnung Werkausschuß – Nr. 323
8. Geschäftsordnung Wertungsverfahren Komponisten Sparte E – Anhang – Nr. 330
9. Geschäftsordnung Wertungsverfahren Textdichter Sparte E – Anhang – Nr. 332
10. Geschäftsordnung Wertungsverfahren Unterhaltungs- und Tanzmusik – Anhang – Nr. 331

101 GEMA-Satzung

Inhalt
a) Berechtigungsvertrag (§ 3)
b) Organe (§ 5)
c) Mitgliedschaft (§ 6)
d) Erwerb der ordentlichen Mitgliedschaft (§ 7, § 8)
e) Beendigung der ordentlichen Mitgliedschaft (§ 9)
f) Mitgliederversammlung (§ 10)
g) Wahl der Mitglieder des Aufsichtsrates (§ 11, 13)
h) Versammlung der außerordentlichen und angeschlossenen Mitglieder (§ 12)

i) Vorstand (§ 14, § 15)
k) 1. Schlichtungsausschuß (§ 16, A,)
2. Schiedsgericht (§ 16 B. 1.-4.)
3. Beschwerdeausschuß (§ 16 C)
l) Verteilung des Aufkommens (§ 17)

102 GEMA-Sozialkasse, Inanspruchnahme

Bei vielen Mitgliedern besteht die Meinung, daß sie keine finanziellen Beiträge geleistet hätten, wenn sie die Sozialkasse in Anspruch nähmen. Dies ist eine irrige Auffassung, denn die Mittel werden jährlich prozentual dem Gesamtaufkommen der GEMA entnommen.

103 – Beschluß, eine Sozialkasse ins Leben zu rufen

Auf Beschluß der Mitgliederversammlung 1956 traten die Bestimmungen für die GEMA-Sozialkasse am 1.1.1957 in Kraft.

104 – Satzungsthemen

§ 2 Leistungen
§ 3 Aufbau der Kasse
§ 4 Verteilung der Mittel
§ 5 Voraussetzung für einmalige Unterstützung oder laufende Beihilfen für Mitglieder
§ 6 Voraussetzung für die Zahlung eines Sterbegeldes
§ 7 Voraussetzung für einmalige Unterstützung oder laufende Beihilfe an die Witwe oder minderjährige Waisenkinder
§ 8 Höhe der wiederkehrenden Leistungen
   I. Für das Mitglied
   II. Für die Witwe oder minderjährige Abkömmlinge
§ 9 Höhe des Sterbegeldes
§ 10 Höhe der einmaligen Leistungen
§ 11 Beginn und Beendigung von Leistungen
§ 12 Sonderregelung für die Abteilung Verleger
§ 13 Beitrag zur Krankenversicherung
(Satzung der GEMA-Sozialkasse § 2 - § 13)

GEMA-Sozialkasse (Fortsetzung)

105 – Leistungen

Aus den von der GEMA oder von Dritten der Sozialkasse zur Verfügung gestellten Mitteln sollen nach Maßgabe der folgenden Bestimmungen auf Antrag

a) an die Mitglieder im Alter sowie bei Krankheit, Unfall oder sonstigen Fällen der Not einmalige Unterstützungen oder laufende Beihilfen

b) im Falle des Todes eines Mitgliedes ein Sterbegeld gezahlt und an die Witwe oder an unmündige Waisenkinder des verstorbenen Mitglieds eine einmalige Unterstützung oder laufende Beihilfen geleistet werden können. Der Witwer wird der Witwe gleichgestellt, wenn das verstorbene Mitglied nachweislich den Unterhalt der Familie überwiegend aus den GEMA-Einnahmen bestritten hat. (§ 2 a, b)

106 – Aufbau der Kasse

a) Selbständige Abteilungen der Komponisten, Textdichter und Musikverleger.

b) Jede Abteilung hat 3 Mitglieder, die für die Dauer von 4 Jahren zu wählen sind, ordentliche Mitglieder der GEMA sein müssen und nicht Mitglieder des Aufsichtsrats sein dürfen. (§ 3 [1], [2], [3])

107 – Verteilung der Mittel

Der Verteilungsschlüssel:

Komponisten: 51 1/3 %
Textdichter: 16 2/3 %
Verleger: 32 %

Sollten die Abteilungskuratorien der Textdichter und Verleger ihre Zuteilungsraten nicht voll ausschöpfen, so stellen sie die verbleibenden Summen der Abteilung Komponisten zur Verfügung (§ 4 [2])

108 – Voraussetzung für einmalige oder wiederkehrende Leistungen

§ 5

(1) Einmalige oder wiederkehrende Leistungen können in der Regel nur Mitglieder erhalten, die

a) das 60. Lebensjahr vollendet haben,

b) 5 Jahre ununterbrochen der GEMA als ordentliches Mitglied angehört haben,

GEMA-Sozialkasse (Fortsetzung)

    c) nachweisen können, daß ihre Einnahmen zum Lebensunterhalt nicht ausreichen (einschließlich der Einnahmen des Ehegatten).

(2) Das 60. Lebensjahr (Abs. 1a) braucht nicht vollendet zu sein, wenn das Mitglied z.B. durch Krankheit oder Unfall in Not geraten ist.

(3) Bei einmaligen Leistungen kann in besonders begründeten Fällen von den Bestimmungen in Abs. 1 eine Ausnahme gemacht werden.

109 – Voraussetzung für die Zahlung eines Sterbegeldes

§ 6

(1) Im Falle eines ordentlichen Mitglieds wird auf Antrag an die Witwe oder einen anderen Hinterbliebenen ein Sterbegeld gezahlt.

(2) Das gleiche gilt in der Verlegerabteilung beim Tode eines leitenden Verlagsangestellten, der gemäß § 12 dieser Satzung Bezieher einer wiederkehrenden Leistung war.

(3) Anträge auf Zahlung eines Sterbegeldes sollen innerhalb von 6 Wochen nach dem Sterbefall gestellt werden.

110 – Voraussetzung für einmalige oder wiederkehrende Leistungen an die Witwe oder an minderjährige Waisenkinder

§ 7

(1) Die Witwe kann eine einmalige oder wiederkehrende Leistung erhalten, wenn

    a) das verstorbene Mitglied mindestens 5 Jahre ununterbrochen der GEMA als ordentliches Mitglied angehört hat,

    b) das Vertragsverhältnis zur GEMA fortgesetzt wird,

    c) die Ehe mindestens 3 Monate bestanden hat,

    d) im Falle der Eheschließung nach Vollendung des 60. Lebensjahres des Mitgliedes mit einer mehr als 20 Jahre jüngeren Frau die Ehe mindestens 10 Jahre, mit einer weniger als 20 Jahre jüngeren Frau die Ehe mindestens 5 Jahre bestanden hat,

GEMA-Sozialkasse (Fortsetzung)

  e) sie nachweist, daß ihre Einnahmen zum Lebensunterhalt nicht ausreichen.

(2) Bei einmaligen Leistungen kann von den Bestimmungen in Abs. (1) in besonders begründeten Fällen eine Ausnahme gemacht werden.

(3) Bei Wiederverheiratung der Witwe entfällt jede weitere Zahlung.

(4) Wenn keine Witwe vorhanden ist, können die vorstehend genannten Leistungen statt dessen gewährt werden:

  a) minderjährigen Abkömmlingen des verstorbenen GEMA-Mitgliedes (jedoch auch an mehrere Kinder zusammen nicht mehr als das Witwengeld),

  b) oder in Ausnahmefällen, durch Beschluß des Gesamt-Kuratoriums und mit Zustimmung des Aufsichtsrats, einer langjährigen Lebensgefährtin oder einer volljährigen Waise.

111 – Höhe der wiederkehrenden Leistungen

§ 8

I. Für das Mitglied

(1 a) Die wiederkehrende Leistung für Komponisten und Textdichter wird auf 80 % des durchschnittlichen Jahresaufkommens des Mitgliedes bei der GEMA festgesetzt und beträgt höchstens DM 2.520,- im Monat.

(1 b) Unabhängig von diesem Höchstsatz wird ein Zuschlag gewährt, wenn das Durchschnittsaufkommen des Mitgliedes bei der GEMA jährlich DM 30.000,- übersteigt. Der Zuschlag beträgt für Durchschnittsaufkommen

zwischen DM 30.000 und DM 40.000,-
       im Monat = DM 126,-

zwischen DM 40.000 und DM 50.000,-
       im Monat = DM 252,-

zwischen DM 50.000 und DM 60.000,-
       im Monat = DM 378,-

zwischen DM 60.000 und DM 70.000,-
       im Monat = DM 504,-

GEMA-Sozialkasse (Fortsetzung)

zwischen DM 70.000 und DM 80.000,-
im Monat = DM 630,-

zwischen DM 80.000 und DM 90.000,-
im Monat = DM 756,-

zwischen DM 90.000 und darüber
im Monat = DM 882,-

(2 a) In den Abteilungen Komponisten und Textdichter gilt folgende Freibetragsregelung:

Hat das Mitglied neben der wiederkehrenden Leistung noch weitere Einnahmen (einschließlich der Einnahmen des Ehegatten), so bleibt hierauf ein jährlicher Freibetrag von DM 35.000,- ohne Anrechnung. Insoweit die Jahreseinnahmen den Freibetrag übersteigen, werden sie auf die wiederkehrende Leistung angerechnet.

(2 c) Der Nachweis der Einnahmen ist durch entsprechende Unterlagen zu führen.

112 – II. für die Witwe

(1 a) Die wiederkehrende Leistung für die Witwe oder minderjährige Abkömmlinge des verstorbenen Mitgliedes (im Falle des § 7 [4]) wird auf 75 % der dem Mitglied zustehenden wiederkehrenden Leistung festgesetzt.

(1 b) Die Zuschläge entsprechend § 8 I (1b) betragen dann für die Witwe bei angepaßtem durchschnittlichen Jahresaufkommen:

zwischen DM 30.000 und DM 40.000,-
im Monat = DM   95,-

zwischen DM 40.000 und DM 50.000,-
im Monat = DM 189,-

zwischen DM 50.000 und DM 60.000,-
im Monat = DM 284,-

zwischen DM 60.000 und DM 70.000,-
im Monat = DM 378,-

zwischen DM 70.000 und DM 80.000,-
im Monat = DM 473,-

zwischen DM 80.000 und DM 90.000,-
im Monat = DM 567,-

zwischen DM 90.000 und darüber
im Monat = DM 662,-

GEMA-Sozialkasse (Fortsetzung)

(2 a) In den Abteilungen Komponisten und Textdichter gilt folgende Freibetragsregelung:
Der Freibetrag im Sinne von Ziff. I (2a) wird auf DM 21.000,- jährlich festgesetzt.

113 – Höhe des Sterbegeldes

§ 9

Das Sterbegeld beträgt DM 2.800,- (D-Mark zweitausendachthundert).

114 – Höhe der einmaligen Leistungen

§ 10

Die Höhe der einmaligen Leistungen wird nach Prüfung des jeweiligen Bedarfs von den zuständigen Abteilungskuratorien festgesetzt. Anträge auf einmalige Leistungen von außergewöhnlicher Höhe können nur vom Gesamtkuratorium genehmigt werden.

115 – Beginn und Beendigung von Leistungen

§ 11

(1) Die Zahlung einer wiederkehrenden Leistung an Mitglieder beginnt an den auf die Vollendung des 60. Lebensjahres folgenden Monatsersten. Werden die Bedingungen des § 5 jedoch erst nach Vollendung des 60. Lebensjahres erfüllt, so beginnt die Zahlung der wiederkehrenden Leistung mit dem Monatsersten, der auf den Eintritt dieser Bedingungen folgt.

(2) Die Zahlung einer wiederkehrenden Leistung an die Witwe oder minderjährige Waisen beginnt mit dem Monatsersten, der auf den Tod des Mitgliedes folgt.

Werden die satzungsgemäßen Voraussetzungen zu einem späteren Zeitpunkt erfüllt, so beginnt die Zahlung mit dem Monatsersten, der auf den Eintritt dieser Bedingungen folgt.

(3) Eine Auszahlung erfolgt ohne rückwirkende Kraft, und zwar erst nachdem der Betreffende einen Antrag auf Zuerkennung gestellt hat und die erforderlichen Unterlagen ordnungsgemäß beigebracht sind.

GEMA-Sozialkasse (Fortsetzung)

Beruht die verspätete Einreichung von Unterlagen jedoch auf Umständen, für die der Antragsteller nicht verantwortlich ist, so kann ausnahmsweise auch eine rückwirkende Zahlung erfolgen.

(4) Bei Beendigung der Mitgliedschaft zur GEMA beschränken sich die Leistungen auf bis zu 80 % des versicherungsmathematischen Gegenwertes der vom Berechtigten seit dem 1. Januar 1957 für die Sozialkasse selbst aufgebrachten Mittel.

Dies gilt jedoch nicht für Personen, die von einem Verlag gemäß § 12 Ziff. (4) benannt worden sind, wenn der Benannte, seine Witwe oder seine minderjährigen Waisen keinen Einfluß auf eine die Aufgabe der Mitgliedschaft bei der GEMA betreffende Entscheidung des Verlages haben.

(5) Die Zahlungen entfallen, wenn sie beschlagnahmt, abgetreten, verpfändet, gepfändet oder auf andere Bezüge angerechnet werden.

Wiederaufnahme der Zahlungen ist bei Wegfall des Hinderungsgrundes möglich.

116 – Beitrag zur Krankenversicherung

§ 13

Die GEMA-Sozialkasse ersetzt den Empfängern von wiederkehrender Leistung nach §§ 5, 8 und 17 dieser Satzung auf Antrag die Hälfte der von dem Mitglied bzw. der Witwe nachgewiesenen und nicht von dritter Seite erstatteten Krankenversicherungsbeiträge bis zur Höhe von monatlich DM 280,–.

Der Antrag ist jeweils für das vergangene Jahr im Januar des folgenden Jahres an die GEMA-Sozialkasse zu richten. Die Quittungen der Krankenversicherung oder eine diesbezügliche Zahlungsbestätigung sind dem Antrag beizufügen.

117 – Erläuterungen und Beispiele

Wenn die Einnahmen des Autors so stark gesunken sind, daß sie nicht ausreichen, um einen angemessenen Lebensunterhalt zu bestreiten, wird das soziale Netz der GEMA-Sozialkasse im Alter wirksam.

GEMA-Sozialkasse (Fortsetzung)

Nach Vollendung des 60. Lebensjahres (bei schwerer Krankheit und Berufsunfähigkeit auch schon früher) kann man einen Antrag auf „wiederkehrende Leistung" stellen.
(§ 5 [1] a [2])

Diese Leistung ist **keine automatisch weiterlaufende,** sondern wird von Jahr zu Jahr überprüft.

Voraussetzung: Das Mitglied „kann **nachweisen,** daß seine Einnahmen (einschließlich der Einnahmen des Ehegatten) zum Lebensunterhalt nicht ausreichen". (§ 5 [1] c)

Da die Einnahmen (es sind immer **nur die Netto-Einnahmen**) oft großen Schwankungen unterliegen, kann die wiederkehrende Leistung immer nur für **ein Jahr** im voraus berechnet werden.

Wie hoch ist nun die Leistung?
Zunächst wird der Jahresdurchschnitt der GEMA-Einnahmen - aus **seinen besten 15 Jahren** - zugrundegelegt.
(zu § 8 I 2.e)

Davon gibt es 80 % als Zuerkennungsbetrag, allerdings auf monatlich derzeit DM 3.420,- in der Höhe begrenzt, wenn man alle Zuschläge mitrechnet. (§ 8 [1a], [1b])

Es gibt einen jährlichen Freibetrag von derzeit DM 35.000,-. Alles darüber wird auf den Zuerkennungsbetrag angerechnet. (§ 8 [2a])

1. Beispiel:
Zuerkennungsbetrag   DM 32.000,-
Gesamteinkommen   DM 38.000,-
Auszahlung der
wiederkehrenden Leistung: (38.000,- DM liegen 3.000,- DM über dem Freibetrag von DM 35.000,- und werden also von dem Zuerkennungsbetrag abgezogen. Bleiben also DM 29.000,-) Somit verfügt das Mitglied insgesamt über DM 67.000,- im Jahr!

2. Beispiel:
Zuerkennungsbetrag   DM 32.000,-
Gesamteinkommen   68.000,-
Das Mitglied bekommt in diesem Falle **nichts,** weil es 33.000,- DM **über dem Freibetrag** liegt.

3. Beispiel:
Zuerkennungsbetrag   DM 12.000,-
Gesamteinkommen   DM 31.000,-
                    (also **unter** dem Freibetrag)

GEMA-Sozialkasse (Fortsetzung)

Auszahlung der wiederkehrenden Leistung: DM 12.000,- Somit verfügt das Mitglied **über insgesamt DM 43.000,- im Jahr.**

Zusätzlich zu den wiederkehrenden Leistungen kann das Mitglied einen **Krankenkassenzuschuß** bis zu 50 % bekommen, doch höchstens monatlich DM 280,- (§ 13).

(Satzung der GEMA-Sozialkasse § 5-11, § 13 Ausführungsbestimmungen zu § 8 I.3)

118 Auszug aus der Satzung der GEMA-Stiftung

Neufassung vom 04.04.1989

§ 2 – Stiftungszweck

(1) Die Stiftung verfolgt ausschließlich und unmittelbar mildtätige und gemeinnützige Zwecke im Sinne der steuerlichen Vorschriften durch

    a) die selbstlose Unterstützung bedürftiger Komponisten, Textdichter sowie Musikverleger und deren Angehöriger durch einmalige oder laufende Zuwendungen;

    b) die Förderung von Komponisten und Textdichter durch

        aa) die Gewährung von zweckgebundenen Ausbildungsbeihilfen;

        bb) zweckgebundene Zuwendungen für die mit der künstlerischen Tätigkeit mittelbar oder unmittelbar zusammenhängenden Aufwendungen;

        cc) zweckgebundene Zuwendungen für musikalische Produktionen, Pilotprojekte, Wettbewerbe und Publikationen;

        dd) die Verleihung von Preisen;

    c) die Vergabe von Zuschüssen an Hilfspersonen im Sinne des § 57 Absatz 1 Satz 2 AO, an steuerbegünstigte Institutionen und öffentlich-rechtliche Körperschaften für Forschungsvorhaben mit besonderem Bezug auf die Musik des 20. Jahrhunderts, soweit die Maßnahmen nicht von der GEMA-Stiftung selbst durchgeführt werden.

GEMA-Versammlungsordnung

119 Kurienversammlung

Am Vortag der Hauptversammlung beraten die drei Berufsgruppen getrennt die eingebrachten Anträge.

Alle zwei Jahre wählen sie ihre Aufsichtsratsmitglieder.

120 Hauptversammlung

a) Redezeit für jeden Diskussionsbeitrag ist auf 10 Minuten beschränkt.

b) Bekanntgabe der Abstimmungsergebnisse (Zustimmung, Ablehnung oder Stimmenthaltung)

c) Für die Annahme eines Antrags bedarf es der Zustimmung aller drei Kurien.

d) Wird die Wahl eines Aufsichtsratsmitgliedes von einer Kurie abgelehnt, bedarf es einer Neuabstimmung der betroffenen Kurie mit zweidrittel Mehrheit.
(Versammlungsordnung I., II., III.)

121 Generalbaßaussetzungen

Eine Generalbaßaussetzung freier Werke gilt als Bearbeitung und ist geschützt. Sie wird mit 3/12 Anteilen verrechnet.
→ Nr. 135

122 Geschlossene Veranstaltung

Das Gesetz unterscheidet nur zwischen öffentlichen und nicht öffentlichen Veranstaltungen. Das Schild am Saaleingang „Geschlossene Gesellschaft" macht die Veranstaltung noch nicht zu einer nicht öffentlichen.

Feiern mit Musik, die zu Hause oder in einem Lokal im engsten Familienkreise stattfinden, gelten als **nicht öffentlich.** Wenn Bekannte zugeladen werden, sind sie **öffentlich,** unabhängig von evtl. Eintrittsgeld oder ähnlichen Vergütungen.

123 Gesellschaft zur Verwertung von Leistungsschutzrechten (GVL)

Anschrift: Heimhuder Straße 5, 2000 Hamburg 13, Telefon: (040) 41 60 31, Geschäftsführung: Dr. Rolf Dünnwald, Dr. Dr. Norbert Thurow

GVL (Fortsetzung)

Gründung:
Die GVL wurde 1959 in Köln unter maßgeblicher Mitwirkung von Hermann VOSS und Rudolf IRMISCH gegründet. Gesellschafter sind die Deutsche Orchester-Vereinigung (DOV) und die deutsche Landesgruppe der International Federation of Phonogram and Videogram (IFPI). Sie übernimmt die Wahrnehmung von Rechten und Ansprüchen, die sich aus dem Urheberrechtgesetz für ausübende Künstler, Tonträgerhersteller und Veranstalter ergeben oder auf Hersteller und Veranstalter übertragen sind.

124 – Zahl der Berechtigten

Nach dem Stand von 1988 vertritt die GVL 37.712 Berechtigte.

125 – Jährliche Ausschüttung

Die jährliche Ausschüttung an die ausübenden Künstler erfolgt (jeweils im Dezember) nach Maßgabe der Vergütungen, die die Künstler für Aufnahmen bzw. Sendungen im vorausgegangenen Jahr erhalten haben.

Unterlagen (Verträge, Quittungen, Scheckkopien usw.) sind der GVL alljährlich bis zu einem bestimmten Datum (Ende Juni) vorzulegen.

126 – Inkasso

Die GEMA hat im Bereich der öffentlichen Wiedergabe das Inkasso für die GVL übernommen. Gegenüber den Sendern wird die GVL selbst tätig. Bei der privaten Überspielung ist sie, wie die anderen Verwertungsgesellschaften, der ZPÜ angeschlossen.

127 – Entgelte

Entgelte der ausübenden Künstler für die Aufnahme erschienener Tonträger werden wie folgt berücksichtigt:

bis 80.000,- DM jährlich mit 100 %
weitere 160.000,- DM jährlich mit 50 %
weitere 200.000,- DM jährlich mit 30 %.
alles weitere jährlich mit 10 % mit der Maßgabe, daß Entgelte, die über 950.000,- DM hinausgehen, nicht mehr berücksichtigt werden.

GVL (Fortsetzung)

128 – Höhe der Ausschüttungen

a) Die Ausschüttungen für Schallplattenkünstler belaufen sich derzeit auf 40 bis 45 % der angemeldeten, berücksichtigungsfähigen Honorare.

b) Bei Funk- und Fernsehkünstlern liegt die Quote bei 5 bis 7 %.

129 – Zuwendung für ältere Künstler

Voraussetzung einer Zuwendung ist, daß

a) das Mitglied nach zwanzigjähriger GVL-Mitgliedschaft (oder in Härtefällen) eine Sendung oder sonstige Nutzung von Aufnahmen nachweisen kann, weil Schallplatten nicht mehr im Handel sind oder Lizenzen nicht mehr gezahlt werden, weil die Aufnahme vor der Gründung der GVL (1959) entstanden und durch Pauschalen abgegolten worden sind.

b) Voraussetzung ist weiterhin, daß der Künstler eine **freiberufliche** Tätigkeit ausgeübt hat. Die einzelne Zuwendung muß sich an der durchschnittlichen Verteilungssumme der in Frage kommenden Berechtigten orientieren.

c) Die Anträge sind formlos bis zum 30. September jeden Jahres bei der GVL einzureichen. Antragsberechtigt sind auch Witwen oder Kinder von verstorbenen Künstlern, bei denen die Voraussetzungen für die Zuwendung vorgelegen haben.

Es ist vorteilhaft, sich in allen Zweifelsfällen an die oben genannte Anschrift der GVL in Hamburg zu wenden.

130 – Schutzfrist

Die Schutzfrist für Leistungsschutzrechte beträgt lt. Urheberrechtsgesetz von 1965: 25 Jahre, d.h., daß die vor dem 01.01.1966 geschützten Leistungen nur eine Schutzdauer bis längstens zum 31.12.1990 behalten.

Es ist sehr zu begrüßen, daß die Bundesregierung beschlossen hat, die Schutzfrist auf 50 Jahre zu verlängern.

131 Gleichheit bürgerlicher Namen

Es wird empfohlen, daß die Beteiligten sich darüber einigen, ihre Namen mit Zusätzen unterschiedlich zu machen.
(Ausführungsbestimmungen zum Verteilungsplan der GEMA für das Aufführungs- und Senderecht I. 3.c)

132 Große Rechte

Große Rechte betreffen bühnenmäßige Aufführungen und Aufzeichnungen dramatisch-musikalischer Werke. Die Aufführungsrechte werden nicht von der GEMA, sondern durch den Urheber oder einen Bühnenverlag selbst wahrgenommen, im Gegensatz zur kollektiven Wahrnehmung der sogenannten „kleinen Rechte".

→ Sendung musikdramatischer Werke als kleines Recht – Nr. 216

→ Anmeldebogen für ein musik-dramatisches Werk als großes Recht – Nr. 215

I

133 Interessenverband Deutscher Komponisten (IDK)

Gründung: Der IDK wurde am 16. September 1977 in Hamburg gegründet.

Verbandszeitschrift: „Mitteilungen" als Verbandszeitschrift. Inhalt: Laufende Veröffentlichungen von Konzertaufführungen und der in den Programmfahnen der ARD ausgedruckten Werke seiner Mitglieder.

Aussprachforum: Ausspracheforen, wobei Mitglieder Bandvorführungen ihrer Werke mit Lebensdaten vorstellen können.

Geheime Vorstandswahl: Alle drei Jahre geheime Wahl des Vorstandes (auch Briefwahl).

Europäische Komponistensymposien:
Hamburg, 17.-20.4.1980
Thema: „Musik des 20. Jahrhunderts in europäischer Sicht".

Mainz, 26.-28.5.1983
Thema: „Europäische Gegenwartsmusik – Einflüsse und Wandlungen".

Kiel, 13.-15.9.1985
Thema: „Über die Grenzen, E- und U-Musik, Bestandsaufnahme einer musikalischen Entwicklung".

Herausgabe der Dokumentationen

Stiftung des Theodor-Berger-Publikumspreises DM 2.000,-

Juristische Beratung: Juristische Beratung u.a. von Musikverlagsverträgen

In allen Bundesländern: Repräsentanten.

K

134 Kadenz

Neugeschaffene Kadenzen sind selbständig als Werk geschützt, auch in freien Instrumentalkonzerten.

135 Klavierauszüge

Klavierauszüge, z.B. von Opern- oder Operetten und Generalbaßaussetzungen sind Bearbeitungen im Sinne des Gesetzes, sofern sie den Schutzvoraussetzungen § 3 UrhG (seit 1985) entsprechen. → Nr. 135   → Nr. 121

136 Kleine Rechte

Die GEMA definiert sie in ihrem Berechtigungsvertrag § 1a wie folgt: „Die Aufführungsrechte an Werken der Tonkunst mit und ohne Text, jedoch unter Ausschluß der bühnenmäßigen Aufführung dramatisch-musikalischer Werke, sei es vollständig, als Querschnitt oder in größeren Teilen.

Bühnenmusiken, soweit sie nicht integrierender Bestandteil des Bühnenwerkes sind, Bühnenschauen, Filmbegleitmusik, Einlagen in Revuen, Einlagen in Operetten, Possen und Lustspielen, melodramatische und Kabarettaufführungen sind Gegenstand dieses Vertrages soweit es sich nicht um die Aufführung von Bestandteilen dramatisch-musikalischer Werke in anderen Bühnenwerken handelt".

Die „kleinen Rechte" werden kollektiv wahrgenommen im Gegensatz zu den sog. „großen Rechten".

137 Kommissionsabzug im mechanischen Vervielfältigungsrecht – Schallplatten und Cassetten

a) Bei der Verwertung des mechanischen Vervielfältigungsrechtes wird eine Kommissionsgebühr bis zu 25 % abgezogen.

b) Gegenwärtig werden feste Kommissionssätze berechnet: jeweils 20 % bei R VR, FS VR und BT 10 % ab 1990 bei PHO VR

(Verteilungsplan für das mechanische Vervielfältigungsrecht; Allgemeine Grundsätze § 1 – Fußnote)

138 Komponisten als Interpreten eigener Werke

Durch Mitgliedschaft bei der GEMA **und** GVL erhalten sie Ausschüttungen bei **beiden** Verwertungsgesellschaften. Ausgenommen sind öffentliche Aufführungen ohne VR (Mitschnitt).

139 Kompositionspreise, einkommensteuerpflichtig?

Kompositionspreise für **einzelne** Werke sind einkommensteuerpflichtig. Kompositionspreise für das **Lebenswerk** eines Komponisten sind **nicht** einkommensteuerpflichtig.

140 Kompositionswettbewerbe Bundesrepublik Deutschland (Auswahl)

Ausschreibung:

(1) **Bärenreiter-Hausmusikpreis**
Förderung der Komposition anspruchsvoller zeitgenössischer Hausmusik
Bedingung: Hauptwohnsitz BRD, Österreich oder Schweiz
Höhe der Preise: DM 10.000,-, DM 3.000,-, DM 2.000,-
Adresse: Bärenreiter-Verlag, Heinrich-Schütz-Allee 35, 3500 Kassel

(2) **Beethovenpreis der Stadt Bonn zur Förderung junger Komponisten**
Bedingung: International, für Komponisten bis 30 Jahre. Durchführung alle 3 Jahre
Höhe des Preises: DM 25.000,-
Adresse: Kulturamt der Stadt Bonn, Kurfürstenallee 2-3, 5300 Bonn

(3) **Ernst-Fischer-Preis der GEMA-Stiftung**
Wettbewerb für gehobene Unterhaltungsmusik.
Bedingung: Deutsche Staatsangehörigkeit oder Wohnsitz in der BRD. Vollendung des 39. Lebensjahres.
Höhe des Preises: DM 20.000,- (auch teilbar)
Adresse: Deutschlandfunk, Abt. Leichte Musik und Unterhaltung, Raderberggürtel 40, 5000 Köln 51

(4) **Förderungspreis der Landeshauptstadt Stuttgart für junge Komponisten ernster Musik**
Bedingung: Altersbegrenzung bis 35 Jahre (jährliche Vergabe)
Höhe des Preises: DM 20.000,- (auch teilbar)
Adresse: Kulturamt Stuttgart, Rathaus, 7000 Stuttgart 1

(5) **Gerhard-Maasz-Preis zur Förderung der ernsten Musik**
Bedingung: Komponisten mit deutscher Staatsangehörigkeit (alle 2 Jahre)
Höhe des Preises: DM 10.000,- (auch teilbar)
Adresse: IDK Interessenverband Deutscher Komponisten, Willinghusener Landstr. 70, 2000 Barsbüttel

(6) **Hambacher Preis**
Internationaler Wettbewerb für zeitgenössische Musik.
Bedingung: Internat. offener Wettbewerb, keine Altersbegrenzung (Vergabe alle 2 Jahre)
Höhe der Preise: DM 15.000,- (Symphon. Werk), DM 5.000,- (Kammermusik)
Adresse: Kuratorium Hambacher Preis e.V., Weinstr. 181-183, 6730 Neustadt a. d. Weinstraße

(7) **Internationaler Wettbewerb für Komponisten der Kammermusik (Hitzacker)**
Bedingung: für Komponisten bis 35 Jahre (Vergabe alle 2 Jahre)
Höhe des Preises: DM 8.500,-
Adresse: Künstlersekretariat Sudbrack, Gösselkoppel 54, 2000 Hamburg 63

(8) **Jugend komponiert**
Landeswettbewerb Nordrhein-Westfalen
Bedingung: Regional Nordrhein-Westfalen (Vergabe an Schüler bis 19 Jahre)
Höhe des Preises: DM 8.000,-
Adresse: Wettbewerbsbüro „Jugend komponiert", Am Rahmer Bach 143, 4100 Duisburg 29

(9) **Komponistenwettbewerb der Zentralstelle für den deutschsprachigen Chorgesang in der Welt**
Schaffung neuer Chorwerke.
Bedingung: International offen (Vergabe alle 3 Jahre)
Höhe des Preises: DM 10.000,- (sechs Preise)
Adresse: Stadt Solingen, Neuenhoferstr. 36, 5650 Solingen 1

(10) **Kompositionswettbewerb der Stadt Mönchengladbach**
Förderung junger Komponisten zeitgenössischer Musik - Kammermusik.
Bedingung: International offen ohne Altersbegrenzung
Höhe des Preises: DM 15.000,-
Adresse: Stadtverwaltung, Kulturamt, Albertusstr. 44a, 4050 Mönchengladbach

(11) **Kompositionswettbewerb der Stadt Neuss**
Kirchenmusikpreis (Vergabe alle 2 Jahre)
Höhe des Preises: DM 10.000,- (nicht teilbar)
Adresse: Kulturamt, Oberstr. 17, 4040 Neuss 1

(12) **Orchester-Kompositionspreis des Kulturkreises im BDI** für Orchesterwerke.
Bedingung: International offen (Vergabe alle 2 Jahre)
Höhe des Preises: DM 12.000,-
Adresse: Gesellschaft für Neue Musik, Bergerstr. 25, 5810 Witten

(13) **Theodor-Berger-Publikumspreis des IDK**
(Vergabe alle 3 Jahre)
Höhe des Preises: DM 2.000,-
Adresse: IDK Interessenverband Deutscher Komponisten, Willinghusener Landstr. 70, 2000 Barsbüttel

141 Kontoauszug

Zu jedem Quartalsbeginn erhalten die Mitglieder von der GEMA-Verwaltung einen Kontoauszug über Soll und Haben.

Die Zahlungstermine mit den abgerechneten Sparten werden alljährlich in den GEMA-NACHRICHTEN veröffentlicht.

142 – Erklärungen der Abkürzungen

A

AE	Aufwandsersatz für die Bearbeitung gem. § 1 i) (1) des GEMA-Berechtigungsvertrages
A AR	Auslandsabrechnung für Aufführungs-, Vorführungs-, Sende- und Wiedergaberecht
A VR	Auslandsabrechnung für Vervielfältigungsrecht
AS	Alterssicherung
AUFN.GB	Aufnahmegebühr
AWA AR	Abrechnung der Anstalt zur Wahrung der Aufführungsrechte auf dem Gebiete der Musik in der DDR für Aufführungs-, Vorführungs-, Sende- und Wiedergaberecht
AWA VR	Abrechnung der Anstalt zur Wahrung der Aufführungsrechte auf dem Gebiete der Musik in der DDR für Vervielfältigungsrecht

B

B	Bearbeiter (in Verbindung mit Abrechnungssparte)
BK	Banküberweisung
BM	Bühnenmusik

Kontoauszug (Fortsetzung)

BT VR	Vervielfältigungsrecht an Bildtonträgern
BV	Bühnenverleger (in Verbindung mit PHO VR)
D	
DARL-R	Darlehensrate
DKV	Deutscher Komponisten-Verband e.V.
DMV	Deutscher Musikverleger-Verband e.V.
DTV	Deutscher Textdichter-Verband e.V.
E	
E	Veranstaltungen ernster Musik
ED	E-Musik-Direktverrechnung (Nettoeinzelverrechnung)
ERB	Erben-Umteilung
EST	Einkommensteuer
F	
FKI EK	Funktionelle Musikwiedergabe im Gottesdienst der Evangelischen Kirche
FKI KK	Funktionelle Musikwiedergabe im Gottesdienst der Katholischen Kirche
FM	Funktionelle Musikwiedergabe
FS	Senderecht im Fernsehrundfunk und Wiedergaberecht bei öffentlicher Wiedergabe von Fernsehrundfunksendungen
FS GR	Öffentliche Wiedergabe von Fernsehrundfunksendungen mit Werken „Großen Rechts"
FS VR	Vervielfältigungsrecht im Fernsehrundfunk
G	
GB	Gebühren
GB/EA	Gebühren für Einzelaufstellungen
GB/VM	Gebühren für Veranstaltungsmeldungen
H	
H	Haben (Gutschrift/Guthaben)
I	
IDK	Interessenverband Deutscher Komponisten e.V.
K	
K	Komponist (in Verbindung mit Abrechnungssparte)

Kontoauszug (Fortsetzung)

KI EK	Musik im Gottesdienst der Evangelischen Kirche
KI KK	Musik im Gottesdienst der Katholischen Kirche
KO	Kostenrückerstattung
KO/PV	Kostenrückerstattung, Propaganda-Vertreter
KRED-R	Kreditrate
KS	Kasse (bar)
KST	Körperschaftsteuer
M	
M	Öffentliche Wiedergabe von Unterhaltungsmusik mittels mechanischer Vorrichtungen
MB	Mitgliedsbeitrag
ME	Öffentliche Wiedergabe von ernster Musik mittels mechanischer Vorrichtungen
N	
NV	Nachverrechnung
NZ A ABR	Nachzahlung auf Auslandsabrechnung
P	
PFDG	Pfändung
PG	Postgiroüberweisung/Postgirozahlung
PHO VR	Vervielfältigungsrecht an Tonträgern
PSEU	Pseudonymgebühren/Editionsgebühren
R	
R	Senderecht im Tonrundfunk und Wiedergaberecht bei öffentlicher Wiedergabe von Tonrundfunksendungen
R GR	Öffentliche Wiedergabe von Tonrundfunksendungen mit Werken „Großen Rechts"
R VR	Vervielfältigungsrecht im Tonrundfunk
R VR GR	Vervielfältigungsrecht im Tonrundfunk mit Werken „Großen Rechts"
RA	Restausschüttung auf Abrechnung für Aufführungs-, Vorführungs-, Sende- und Wiedergaberecht
RA VR	Restausschüttung auf Abrechnung für Vervielfältigungsrecht
RV	Rückverrechnung
RZ	Rückzahlung

Kontoauszug (Fortsetzung)

S	
S	Soll (Lastschrift/Belastung)
SK	Sonderkonto
SO	Sonstiges
STORNO	Stornierung
SV	Saldovortrag
SZ	Scheckzahlung
T	
T	Tonfilmvorführungsrecht
T	Textdichter (in Verbindung mit Abrechnungssparte)
T FS	Tonfilm im Fernsehen
TD	Tonfilm-Direktverrechnung (Musik in Wirtschaftsfilmen, Tonbildschauen)
U	
U	Veranstaltungen von Unterhaltungs- und Tanzmusik
UD	U-Musik-Direktverrechnung (Nettoeinzelverrechnung)
UMB	Umbuchung
UST	Umsatzsteuer
V	
V	Verleger (in Verbindung mit Abrechnungssparte)
VDM	Vereinigung Deutscher Musik-Bearbeiter e.V.
VZ	Vorauszahlung
W	
WT	Wertung
Z	
ZESS	Zession (Abtretung einer Forderung auf Zahlung eines Geldbetrages an einen Dritten)
ZS	Zinsen

143 Kreditaufnahme bei der GEMA
→ Nr. 52

144 Kündigung des Berechtigungsvertrages der GEMA

Der Berechtigungsvertrag wird auf mindestens 6 Jahre abgeschlossen. Seine Laufzeit verlängert sich um den gleichen Zeitraum, falls er nicht **ein Jahr vor Ablauf** gekündigt wird. Für Berechtigungsverträge mit Angehörigen und Verlagsfirmen der EG-Mitgliedstaaten gilt eine mindestens 3jährige Rechtsübertragung.
(Satzung der GEMA § 3, 1.a, § 3, 2)

145 Künstlersozialversicherung – KSK

Zielsetzung
Das am 1. Januar 1983 in Kraft getretene Gesetz bietet **selbständigen** Künstlern im wesentlichen den gleichen Schutz wie Arbeitnehmern, d.h., sie sind kranken- und rentenversichert.

Die Künstlersozialversicherung wird von der Landesversicherungsanstalt Oldenburg-Bremen, Abteilung Künstlersozialkasse, durchgeführt. Sie hat die Aufgabe, die Versicherungspflicht selbständig tätiger Künstler festzustellen und ist Einzugsstelle für die Kranken- und Rentenversicherungsbeiträge der Versicherten.

146 – Finanzierung

Sie zahlen nur **eine** Hälfte der Versicherungsbeiträge.
Die andere Hälfte wird etwa zu gleichen Teilen aus einer Abgabe der Unternehmen, die künstlerische Leistungen verwerten (z.B. Verleger) und einem Zuschuß des Bundes finanziert.

147 – Zuständige Leistungsträger

Die KSK selbst ist kein Leistungsträger. Leistungen (z.B. Renten, Rehabilitationsmaßnahmen, Krankenscheinhefte, Krankengeld usw.) nach dem KSVG erbringen:

- in der **Rentenversicherung die Bundesversicherungsanstalt für Angestellte** (BfA), Postfach, 1000 Berlin 88 (ein Rentenantrag ist also bei der BfA, nicht bei der KSK, zu stellen).
- in der **Krankenversicherung** die örtlich zuständige **Ortskrankenkasse** oder eine **Ersatzkasse**.

148 – Künstler im musikalischen Bereich

Wer Musik schafft, bearbeitet, ausübt oder lehrt.

Künstlersozialversicherung (Fortsetzung)

149 – Voraussetzungen der Versicherungspflicht

Die künstlerische Tätigkeit muß erwerbsmäßig und nicht nur vorübergehend, sondern hauptberuflich ausgeübt werden und im wesentlichen, unabhängig von der Staatsangehörigkeit, im Inland erfolgen.

Wenn der Versicherte eine **abhängige** Beschäftigung im Rahmen eines Arbeitsverhältnisses aufnimmt, z.B. eine Lehrtätigkeit an einer Schule, so hat dieses Auswirkungen auf die Versicherungspflicht nach dem KSVG.

Die Versicherungspflicht beginnt mit dem Tage, an dem der Antragsteller sich bei der KSK gemeldet hat. Nachweise über die Ausübung einer selbständigen künstlerischen Tätigkeit sind dem Antrag auf Feststellung der Versicherungspflicht beizufügen.

150 – Mindestgrenze des Arbeitseinkommens aus selbständiger Tätigkeit

Als Mindestgrenze der Versicherungspflicht gilt ein jährliches Arbeitseinkommen von 1/7 der Bezugsgröße, 1989 = 5.400,- DM. Die Bezugsgröße wird jährlich neu vom Bundesminister für Arbeit und Sozialordnung (BMA) festgesetzt und ergibt sich aus § 18 Sozialgesetzbuch IV (Auskunft erteilt die KSK, jede Krankenkasse oder die BfA).

151 – Berufsanfänger

Dieses Mindestarbeitseinkommen als Voraussetzung der Versicherungspflicht nach dem KSVG gilt nicht für **Berufsanfänger.**

Als Berufsanfänger gilt ein Künstler innerhalb der ersten fünf Jahre nach erstmaliger Aufnahme der selbständigen künstlerischen Tätigkeit.

Ein Komponist wäre als Berufsanfänger auch versicherungspflichtig, wenn er ein Einkommen von 3.000,- DM statt mindestens 5.400,- DM hat.

152 – Abzug der Betriebsausgaben

Als Arbeitseinkommen gilt der Betrag **nach Abzug** der Betriebsausgaben. Betriebsausgaben sind alle Ausgaben (Kosten), die mit der selbständigen künstlerischen Tätigkeit zusammenhängen.

Künstlersozialversicherung (Fortsetzung)

153 – Beschäftigung von mehr als einem Arbeitnehmer

Nach dem KSVG wird nicht versichert, wer im Zusammenhang mit der künstlerischen Tätigkeit zwei oder mehr sozialversicherungspflichtige Arbeitnehmer beschäftigt.

154 – Ausnahmen von der Rentenversicherungspflicht

In der Rentenversicherung sind selbständig tätige Künstler, die ein zusätzliches Einkommen aus abhängiger Beschäftigung oder aus einer anderen selbständigen Tätigkeit haben, versicherungsfrei,

- wenn sie aufgrund dieser Beschäftigung versicherungsfrei sind (z.B. Beamte im Hochschulbereich)
- wenn das Einkommen als Arbeitnehmer oder aus der anderen selbständigen Tätigkeit über einer bestimmten Einkommensgrenze (halbe Beitragsbemessungsgrenze) liegt (1989 = 36.600,- DM).

Die für die kommenden Jahre geltenden Grenzen können bei der KSK, den Krankenkassen und der BfA erfragt werden.

Versicherungsfrei sind darüber hinaus Künstler, die ein Altersruhegeld aus der gesetzlichen Rentenversicherung erhalten oder wer ordentlicher Studierender ist und die selbständige künstlerische Tätigkeit nur als Nebentätigkeit ausübt.

155 – Keine Befreiung von der Rentenversicherungspflicht

Seit dem 01.01.1988 ist eine Befreiung von der gesetzlichen Rentenversicherungspflicht wegen Vollendung des 50. Lebensjahres, wegen Abschlusses eines gleichwertigen Lebensversicherungsvertrages oder gleichwertiger Sicherung durch ein urheberrechtliches Versorgungswerk nicht mehr möglich.

156 – Ausnahmen von der Krankenversicherungspflicht

In der Krankenversicherung sind selbständig tätige Künstler versicherungsfrei, wenn sie bereits nach anderen gesetzlichen Vorschriften krankenversichert sind. Das ist insbesondere der Fall, wenn neben der selbständigen künstlerischen

Künstlersozialversicherung (Fortsetzung)

Tätigkeit eine andere nichtkünstlerische Tätigkeit ausgeübt und daraus mehr als nur ein geringfügiges Einkommen erzielt wird oder wenn Leistungen nach dem Arbeitsförderungsgesetz (z.b. Arbeitslosengeld) bezogen werden.

157 – Befreiung von der Krankenversicherungspflicht

Das Gesetz sieht zwei Möglichkeiten vor, sich befreien zu lassen:

– als Berufsanfänger

– als Höherverdienender.

158 – Berufsanfänger

a) Es besteht die Wahlmöglichkeit, ob er der gesetzlichen Krankenversicherung beitreten oder sich bei einem privaten Krankenversicherungsunternehmen versichern will.

b) Der Antrag, die private Krankenversicherung zu wählen, ist spätestens 3 Monate nach Feststellung der Versicherungspflicht (Feststellungsbescheid) bei der KSK zu stellen.

159 – Aufhebung der Befreiung nach Ablauf der fünfjährigen Berufsanfängerzeit

Wer als Berufsanfänger von der Krankenversicherungspflicht befreit worden ist, verbleibt nach Ablauf der fünfjährigen Berufsanfängerzeit in der privaten Krankenversicherung, es sei denn, er hat **schriftlich** innerhalb der Fünfjahresfrist erklärt, daß seine Befreiung von der Versicherungspflicht enden soll. Die Versicherungspflicht beginnt in diesem Fall nach Ablauf der Fünfjahresfrist.

Hiernach kann die **Befreiung von der Versicherungspflicht** nicht mehr widerrufen werden. Es besteht dann keine Möglichkeit mehr, der gesetzlichen Krankenkasse beizutreten.

Künstlersozialversicherung (Fortsetzung)

160 – Höherverdienende, Antrag auf Befreiung von der Krankenversicherungspflicht

Eine Befreiung kann auf Antrag erfolgen, wenn das Arbeitseinkommen krankenversicherungspflichtiger Künstler in drei Kalenderjahren hintereinander über der Summe der Jahresarbeitsentgeltgrenzen der gesetzlichen Krankenversicherung für diese Jahre gelegen hat.

Beispiel:
Wer am 01.01.1989 von der Krankenversicherung gem. § 7 KSVG befreit werden will, dessen Gesamteinkünfte aus der selbständigen Tätigkeit müssen in der Zeit vom 01.01.1986 bis 31.12.88 insgesamt DM 155.700,- oder mehr betragen haben.

Der Befreiungsantrag muß bis spätestens am 31.03. des Jahres gestellt werden, der auf den Dreijahreszeitraum folgt.

161 – Kein Widerruf der Befreiung

Die einmal ausgesprochene Befreiung von der Versicherungspflicht als Höherverdienender kann nicht widerrufen werden; ein Wiedereintritt in die gesetzliche Krankenversicherung ist dann nicht mehr möglich.

162 – Berechnungsgrundlage der monatlichen Beiträge

(Kranken- und Rentenversicherung)

Bis zum 01.12. eines Jahres ist der KSK für das folgende Kalenderjahr das vermutliche Jahresarbeitseinkommen zu melden. Änderungen der Einkommenserwartung können sich nur für die Zukunft auswirken.

Das gemeldete voraussichtliche Jahresarbeitseinkommen führt zur Berechnung von **verbindlichen** Monatsbeiträgen zur Kranken- und Rentenversicherung. Eine rückwirkende Korrektur der Einkommenserwartung ist nicht möglich.

163 – Fälligkeit der Beiträge

Die Beiträge zur Kranken- und Rentenversicherung sind am 01. des Folgemonats fällig.

Beispiel:
Die Beiträge für Januar 1989 sind bis zum 01.02.89 zu entrichten (Gutschrift bei der KSK).

Künstlersozialversicherung (Fortsetzung)

164 – Vermeidung von Nachteilen bei verspäteten Beitragszahlungen

Es wird dringend empfohlen, der KSK eine Ermächtigung zum Einzug der Beiträge zu erteilen oder die Beiträge per Dauerauftrag zu überweisen.

Wenn der Versicherte mit einem Betrag in Höhe von Beitragsanteilen für zwei Monate im Rückstand und nach einer zweiwöchigen Mahnfrist der Rückstand noch höher als ein Monatsbeitrag ist, sperrt die KSK jegliche Leistung aus der Krankenversicherung (z.B. Arzneimittel und ärztliche Behandlung) (sog. Ruhen der Leistung).

In einem solchen Fall ist sofort Kontakt mit der KSK aufzunehmen.

165 – Höhe der Beiträge zur Rentenversicherung

Beispiel:
1. Einkommen mtl. 1.000,- DM, kein Berufsanfänger, Beitragssatz 9,35 v. H.
   1.000,- DM x 9,35 v. H. = 93,50 DM Versichertenanteil
2. Einkommen mtl. 300,- DM, Berufsanfänger, Beitragssatz 9,35 v. H.
   450,- DM (Mindesteinkommen) x 9,35 v.H. = 42,08 DM Versichertenanteil

Rentenversicherungsbeiträge sind mindestens nach 450,- DM, höchstens nach 6.100,- DM monatlich zu entrichten (1989).

166 – Höhe der Beiträge zur Krankenversicherung

Beispiel:
1. Einkommen mtl. 1.000,- DM, kein Berufsanfänger, angenommener Beitragssatz 6,5 v.H.
   1.000,- DM x 6,5 v. H. = 65,- DM Versichertenanteil
2. Einkommen mtl. 300,- DM, Berufsanfänger, angenommener Beitragssatz 6,5 v.H.
   525,- DM (Mindesteinkommen) x 6,5 v.H. = 34,13 DM Versichertenanteil

Krankenversicherungsbeiträge sind mindestens nach 525,- DM, höchstens nach 4.575,- DM monatlich zu entrichten (1989).

Künstlersozialversicherung (Fortsetzung)

167 – Krankengeld

Vorgezogener Beginn der Krankengeldzahlung in der gesetzlichen Krankenversicherung

Ab 01.01.1989 kann der Versicherte gegenüber der KSK erklären, daß das Krankengeld nicht wie bisher mit Beginn der 7. Woche der Arbeitsunfähigkeit, sondern bereits zu einem früheren Zeitpunkt beginnen soll und zwar spätestens ab 15. Tag der Arbeitsunfähigkeit.

Der Erhöhungsbetrag, den der Versicherte bei der KSK oder seiner Krankenkasse erfahren kann und den er **allein** zu tragen hat, entrichtet er ebenfalls an die KSK.

168 – Berechnung des Krankengeldes

Das Krankengeld berechnet sich aus dem Arbeitseinkommen, das der Beitragsbemessung der letzten zwölf Kalendermonate vor Eintritt der Arbeitsunfähigkeit zugrunde gelegen hat.

169 – Zuschußanspruch und -berechnung bei privater Krankenversicherung

170 – Voraussetzungen für Zuschußanspruch

Künstler, die bei einem privaten Krankenversicherungsunternehmen versichert sind und als Berufsanfänger oder Höherverdienende von der gesetzlichen Krankenversicherungspflicht befreit wurden, erhalten auf Antrag einen Beitragszuschuß.

Das gilt auch für Höherverdienende, die von der Krankenversicherungspflicht befreit und freiwillig in der gesetzlichen Krankenversicherung versichert sind.

Das Bestehen einer privaten Krankenversicherung ist der KSK durch eine Bestätigung des privaten Krankenversicherungsunternehmens nachzuweisen.

171 – Höhe des Zuschusses

Der Zuschuß beträgt die Hälfte des Beitrages, den die KSK bei Versicherungspflicht an die zuständige Krankenkasse zu zahlen hätte, höchstens jedoch die Hälfte der tatsächlichen Aufwendungen für die private Krankenversicherung.

Künstlersozialversicherung (Fortsetzung)

Zunächst wird ein vorläufiger Zuschuß nach der Höhe des voraussichtlichen Einkommens gezahlt, der endgültige Zuschußanspruch richtet sich nach dem tatsächlichen Arbeitseinkommen. Ein Nachweis über die im abgelaufenen Kalenderjahr gezahlte Prämie an die private Krankenversicherung ist der KSK einzureichen.

172 – Kein Abzug von Autoren-Honoraren bei Musikverlagsverträgen

Wenn ein Verwerter (Musikverleger) dem Autor seinen Anteil zur Künstlersozialabgabe vom Honorar abzieht bzw. ein entsprechend geringeres Honorar vereinbart, das zum Nachteil der Sozialleistungsberechtigten führt, verstößt er gegen die Vorschriften des Sozialgesetzbuches § 32 I.

(Diese wichtigen Informationen zur Künstlersozialversicherung wurden von der Künstlersozialkasse eigens für das URHEBER ABC erstellt, wofür wir herzlich Dank sagen.)

173 – Anschrift

Künstlersozialkasse, KSK,
Langeoogstr. 12, Postfach 669
2940 Wilhelmshaven
Tel. (0 44 21) 30 82 01 (Anrufe nur von 9.00 bis 12.00 Uhr)

M

Mechanisches Vervielfältigungsrecht

174 – Mechanische Vervielfältigung

Vervielfältigung einer auf Tonträger (z.B. auf Schallplatte oder Band) aufgezeichneten Aufführung.

175 – Mechanisches Vervielfältigungsrecht

Der Urheber hat das ausschließliche Recht, sein Werk zu vervielfältigen. Dieses Recht hat er lt. Berechtigungsvertrag zur Wahrnehmung der GEMA übertragen. Davon gibt es Ausnahmen (z.B. Rückübertragungen).

Mechanisches Verfielfältigungsrecht (Fortsetzung)

176 – Keine Verteilung im mechanischen Vervielfältigungsrecht

Wenn die Kosten (bis zu 25% Kommission) für die Verteilung in keinem Verhältnis zur Einnahme stehen, kann die GEMA mit Zustimmung des Aufsichtsrates diese Beiträge als unverteilbar behandeln.
(B. Verteilungsplan der GEMA für das mechanische Vervielfältigungsrecht § 5)

177 – Verlegeranteile

Bei Verlagsverträgen, die ab dem 1.1.1979 mit den Autoren abgeschlossen wurden, liegt der Verlegeranteil **bei 40%**.

178 – Verteilungsplan

5. Die Lizenzeinnahmen für das Repertoire der GEMA-Mitglieder werden ohne Rücksicht darauf, von wem das mechanische Vervielfältigungsrecht eingebracht worden ist, wie folgt verteilt:

Am Werk Beteiligte:	Industrietonträger *)	Industrietonträger **)	Anteile: Rundfunk	Bildtonträger
A. Komponist	100 %	100 %	100 %	100 %
B. Komponist	50 %	50 %	50 %	50 %
Textdichter	50 %	50 %	50 %	50 %
C. Komponist	60 %	50 %	60 %	60 %
Verleger	40 %	50 %	40 %	40 %
D. Komponist	30 %	25 %	30 %	30 %
Textdichter	30 %	25 %	30 %	30 %
Verleger	40 %	50 %	40 %	40 %
E. Komponist (frei)	–	–	30 %	–
Textdichter	60 %	50 %	30 %	60 %
Verleger	40 %	50 %	40 %	40 %
F. Komponist	60 %	50 %	30 %	60 %
Textdichter (frei)	–	–	30 %	–
Verleger	40 %	50 %	40 %	40 %
G. Komponist	100 %	100 %	70 %	100 %
Textdichter (frei)	–	–	30 %	–

Mechanisches Vervielfältigungsrecht (Fortsetzung)

H. Komponist (frei)	–	–	50 %	–
Textdichter	100 %	100 %	50 %	100 %
I. Komponist (frei)	–	–	–	–
Bearbeiter	37,5 %	37,5 %	30 %	30 %
Textdichter	25 %	25 %	30 %	30 %
Verleger	37,5 %	37,5 %	40 %	40 %
K. Komponist (frei)	–	–	–	–
Bearbeiter	25 %	25 %	30 %	30 %
Textdichter (Neutext)	37,5 %	37,5 %	30 %	30 %
Verleger	37,5 %	37,5 %	40 %	40 %
L. Komponist (frei)	–	–	–	–
Bearbeiter	50 %	50 %	50 %	50 %
Textdichter	50 %	50 %	50 %	50 %
M. Komponist (frei)	–	–	–	–
Bearbeiter	60 %	50 %	60 %	60 %
Verleger	40 %	50 %	40 %	40 %
N. Komponist (frei)	–	–	–	–
Bearbeiter	100 %	100 %	100 %	100 %

* Gültig für Werkanmeldungen ab 1.1.1979
** Gültig für Werkanmeldungen vor dem 1.1.1979

§ 4

Die GEMA bewirkt die aus dem Verteilungsplan sich ergebenden Ausschüttungen an diejenigen Komponisten, Bearbeiter eines im Original urheberrechtlich nicht mehr geschützten Werkes, Textdichter und Verleger, welche ihr aufgrund der Anmeldungen der Werke als die Empfangsberechtigten bekannt sind.

Treten Ansprüche mehrerer in Widerstreit, so ist die GEMA verpflichtet und berechtigt, die Auszahlung so lange zu verweigern, bis eine gemeinsame Erklärung der streitenden Parteien oder eine für die Parteien verbindliche Entscheidung über die Berechtigung vorliegt.

(B. Verteilungsplan der GEMA für das mechanische Vervielfältigungsrecht § 3, 5 A-N, § 4)

Mitgliedschaft in der GEMA

179 – Wie wird man Mitglied? Voraussetzungen

Jeder Komponist, Musikbearbeiter oder Textdichter, der öffentliche Aufführungen bzw. Rundfunk- und Fernsehsendungen oder Schallplattenproduktionen eigener oder bearbeiteter Werke vorweisen kann, hat die Möglichkeit, Mitglied der GEMA zu werden, indem er einen Berechtigungsvertrag abschließt.

180 – Berechtigungsvertrag I (§ 1)

gilt für Berechtigte aus den Mitgliedsländern der Europäischen Gemeinschaft.
Mit der Unterzeichnung überträgt der Berechtigte der GEMA als Treuhänderin für alle Länder „alle ihm zustehenden und während der Vertragsdauer noch zuwachsenden, zufallenden, wieder zufallenden oder sonst erworbenen **Urheberrechte.**" Die Vertragsdauer beträgt 6 Jahre. Falls der Vertrag nicht ein Jahr vor Ablauf gekündigt wird, verlängert er sich jeweils um 6 Jahre. Es ist dringend geboten, den Berechtigungsvertrag genauestens durchzustudieren!

181 – Berechtigungsvertrag II

gilt für Berechtigte aus Ländern **außerhalb** der Europäischen Gemeinschaft.

182 – Aufnahmeausschuß, Zusammensetzung

Jede Berufsgruppe hat einen eigenen Aufnahmeausschuß, bestehend aus:
Berufsgruppe K = 2 Komponisten, 1 Stellvertreter
Berufsgruppe T = 2 Textdichter, 1 Stellvertreter
Berufsgruppe V = 2 Verleger, 1 Stellvertreter
(Geschäftsordnung der GEMA für das Aufnahmeverfahren § 1, I.a), b), II. III.)

183 – Mitgliedschaftsformen

a) angeschlossenes Mitglied → Nr. 184
b) außerordentliches Mitglied → Nr. 186
c) ordentliches Mitglied → Nr. 187
(Satzung der GEMA § 6, 1.-4.)

Mitgliedschaft in der GEMA (Fortsetzung)

184 – Angeschlossenes Mitglied

Die Bezeichnung „angeschlossenes Mitglied" führt der Berechtigte, der weder die Voraussetzungen der außerordentlichen noch der ordentlichen Mitgliedschaft erfüllt, mit der Unterzeichnung des Berechtigungsvertrages.
Er ist kein Mitglied im Sinne des Vereinsrechts.
Er ist berechtigt, an der Versammlung der angeschlossenen und außerordentlichen Mitglieder teilzunehmen und kann als **Delegierter** für die Versammlung der ordentlichen Mitglieder gewählt werden.
(Satzung der GEMA § 6,2)

185 – Außerordentliche Mitgliedschaft – Aufnahmebedingungen

§ 3
Die Aufnahme eines Urhebers als außerordentliches Mitglied ist von folgenden Bedingungen abhängig:

1. Aufnahmeanträgen von Komponisten sollen 5 vom Antragsteller selbst verfaßte und eigenhändig geschriebene Originalmanuskripte oder deren Ablichtungen in Form von Partituren, Klavierauszügen oder anderen geeigneten Unterlagen und Aufnahmeanträgen von Textdichtern 5 ausschließlich vom Antragsteller verfaßte Texte beigefügt werden.

2. Der Antragsteller hat gleichzeitig nachzuweisen, daß diese Werke öffentlich aufgeführt, gesendet oder auf Tonträger oder Bildtonträger vervielfältigt und verbreitet worden sind.

3. Falls ein Antragsteller die Aufnahme zugleich als Komponist und als Textdichter beantragt, sind die Aufnahmebedingungen für jede Berufsgruppe zu erfüllen.

§ 4
1. Urheber unter den Antragstellern haben ferner im Rahmen einer Klausur nachzuweisen, daß sie selbst über das berufsmäßige Können verfügen.

2. Bei Komponisten kann der Ausschuß von einer Klausur Abstand nehmen, wenn der Antragsteller ein an einer Musikhochschule mit Erfolg absolviertes Kompositionsstudium nachweist oder durch Vorlage von Partituren oder auf andere Weise die Gewißheit gewonnen wird, daß der Antragsteller über das berufsmäßige Können verfügt.

Mitgliedschaft in der GEMA (Fortsetzung)

3. Bei Textdichtern kann der Ausschuß von einer Klausur Abstand nehmen, wenn der Antragsteller als Autor künstlerischen Ruf besitzt bzw. bereits erfolgreich hervorgetreten ist oder der Ausschuß aufgrund der vorgelegten Texte die Gewißheit gewonnen hat, daß der Antragsteller die künstlerischen und praktischen Fähigkeiten eines Textdichters besitzt.

(Geschäftsordnung der GEMA für das Aufnahmeverfahren § 3, 4, 1-3)

186 – Erwerb der außerordentlichen Mitgliedschaft

Wird beim Erwerb der außerordentlichen Mitgliedschaft festgestellt, daß deren Voraussetzungen schon zu einem früheren Zeitpunkt erfüllt waren, erfolgt Anrechnung der früheren Zeit auf die Fünfjahresfrist nach Ziffer 1.
(Satzung der GEMA § 7, 2.)

187 – Ordentliche Mitgliedschaft, Erwerb derselben

§ 7
1. Die ordentliche Mitgliedschaft kann nur nach fünfjähriger außerordentlicher Mitgliedschaft erworben werden von:

   a) Komponisten, die in fünf aufeinanderfolgenden Jahren ein Mindestaufkommen von 40.000,- DM, jedoch in vier aufeinanderfolgenden Jahren mindestens 2.400,- DM jährlich von der GEMA bezogen haben, gerechnet ab 1. Januar 1946.

   b) Textdichtern, die in fünf aufeinanderfolgenden Jahren ein Mindestaufkommen von 40.000,- DM, jedoch in vier aufeinanderfolgenden Jahren mindestens 2.400,- DM jährlich von der GEMA bezogen haben, gerechnet ab 1. Januar 1946.

   c) Musikverlegern, die in fünf aufeinanderfolgenden Jahren ein Mindestaufkommen von 100.000,- DM, jedoch in vier aufeinanderfolgenden Jahren mindestens 6.000,- DM jährlich von der GEMA bezogen haben, gerechnet ab 1. Januar 1946.

Mitgliedschaft in der GEMA (Fortsetzung)

Soweit es sich nicht um E handelt, werden die unter a) bis c) genannten Mindestbeträge um 50% erhöht (60.000,- DM*)

Ist ein Mitglied bereits einmal ordentliches Mitglied gewesen, so betragen die Fristen in a) bis c) je drei Jahre und das Mindestaufkommen in a) und b) 24.000,- DM und in c) 60.000,- DM. Frühere Mitgliedschaftsjahre werden dann voll angerechnet.

Die Beträge, die dadurch zufließen, daß der Verteilungsplan für die Wiedergabe und die Vervielfältigung dramatisch-musikalischer Werke die Auszahlung zu 100% an den Berechtigten zuläßt, werden den Verlegern nur zu 33 1/3 % angerechnet.

3. Der Aufsichtsrat kann ferner solche Komponisten, Textdichter und Musikverleger als ordentliches Mitglied kooptieren, die ihre Rechte dem Verein übertragen haben und bei denen kulturelle Erwägungen die ordentliche Mitgliedschaft wünschenswert erscheinen lassen.

Die Feststellung, ob diese Voraussetzungen vorliegen, trifft der Aufsichtsrat, und zwar für jede der drei Berufsgruppen Komponisten, Textdichter und Musikverleger getrennt.

Der Aufsichtsrat darf höchstens die gleiche Zahl von ordentlichen Mitgliedern kooptieren, die die ordentliche Mitgliedschaft gemäß Absatz 1 dieser Satzungsbestimmung erworben haben.

*) Diese Regelung gilt ab 1.1.1989. Zur Vermeidung von Härten soll die bisherige Regelung für Mitgliedschaftsanwärter noch bis zum 31. Dezember 1991 zur Anwendung kommen.

§ 8
1. Die ordentliche Mitgliedschaft wird erworben durch die Aufnahme. Über den Aufnahmeantrag entscheidet der Vorstand im Einvernehmen mit dem Aufsichtsrat.
2. Mit dem Antrag, als ordentliches Mitglied aufgenommen zu werden, muß der Antragsteller ausdrücklich erklären,
    a) daß er die Satzung und den Verteilungsplan anerkennt,
    b) daß er alles tun werde, um die Erreichung des satzungsgemäßen Zwecks des Vereins herbeizuführen und alles unterlassen werde, was der Erreichung dieses Zwecks abträglich sein könnte,

Mitgliedschaft in der GEMA (Fortsetzung)

    c) in welcher Berufsgruppe die Mitgliedschaft erworben und das Stimmrecht ausgeübt werden soll, falls mehrere Berufsgruppen in Frage kommen,

    d) daß der in § 3 vorgesehene Berechtigungsvertrag abgeschlossen ist.

Die ordentliche Mitgliedschaft beginnt mit dem 1. Januar des Jahres, das auf den Eingang der Beitrittserklärung folgt.

3. Die Aufnahme als ordentliches Mitglied kann, auch bei Vorliegen der Voraussetzungen nach § 7 Ziff. 1 und § 8 Ziff. 2 der Satzung, versagt werden, falls die Gesamtumstände es für unwahrscheinlich erscheinen lassen, daß das künftige Mitglied die in Ziff. 2b) übernommenen Verpflichtungen werde erfüllen können.

Antragsteller, die als Musikverwerter mit der GEMA oder einer anderen Verwertungsgesellschaft in Vertragsbeziehungen stehen, können als ordentliche Mitglieder aufgenommen werden, wenn sie damit einverstanden sind, daß, solange die Vertragsbeziehungen bestehen, ihre Mitgliedschaftsrechte nicht ausgeübt werden können

    a) bei Beschlußfassungen, die die tarifliche Gestaltung von Verträgen mit Musikverwertern zum Gegenstand haben,

    b) hinsichtlich der passiven Wählbarkeit zum Mitglied des Aufsichtsrats.

Antragstellern dieser Art stehen gleich diejenigen, welche von Musikverwertern wirtschaftlich abhängig sind.

Soweit diese Voraussetzungen vorliegen, begründen sie als solche nicht die Anwendung des § 3 Ziff. 1 e) der Satzung.

4. Diese Regelung gilt entsprechend für Verlagsfirmen, die in wirtschaftlichem und personellem Zusammenhang mit ausländischen Verlegern oder Musikverwertern außerhalb des Gebiets der EWG stehen.

(Satzung der GEMA § 7 mit Fußnote § 8, 1-4)

Mitgliedschaft in der GEMA (Fortsetzung)

188 – Ordentliche Mitglieder, ihre Rechte

a) teilnahme- und stimmberechtigt an der → Mitgliederversammlung, Nr. 198
b) ggf. wählbar in den → Aufsichtsrat, Nr. 19
c) ggf. wählbar als Mitglied in Ausschüsse
d) ggf. Beteiligung an der → Alterssicherung, Nr. 4
e) ggf. Beteiligung an der → GEMA-Sozialkasse (einschl. Sterbegeld), Nr. 102-117

189 – Kooptation = Zuwahl, Aufnahme

190 – Kooptation eines außerordentlichen Mitgliedes als ordentliches Mitglied

Der Aufsichtsrat kann Komponisten, Textdichter und Musikverleger als ordentliche Mitglieder kooptieren (aufnehmen), wenn sie ihre Rechte dem Verein übertragen haben und kulturelle Erwägungen die ordentliche Mitgliedschaft wünschenswert erscheinen lassen. Die Feststellung, ob diese Voraussetzungen vorliegen, trifft der Aufsichtsrat, getrennt für jede Berufsgruppe. Er hat auch die zuständige Kommission zu fragen.

Bei Mitgliedern, die die ordentliche Mitgliedschaft durch Kooptation erworben haben, kann vom Vorstand mit Zustimmung des Aufsichtsrates mit Ablauf eines Geschäftsjahres die ordentliche Mitgliedschaft für beendet erklärt werden.

(Satzung der GEMA § 7, 2 § 9, AS 2 [3])

191 – Keine Kündigung einer ordentlichen Mitgliedschaft

Die ordentliche Mitgliedschaft kann nach Ablauf von 10 Jahren seitens der GEMA nicht mehr gekündigt werden.
(Satzung der GEMA § 9)

192 – Ausschluß eines ordentlichen oder außerordentlichen Mitgliedes wegen Mißbrauchs

a) Ein solcher Grund liegt vor, wenn das Mitglied vorsätzlich oder grob fahrlässig gegen die Satzung, den Verteilungsplan, den Berechtigungsvertrag, das Vereinsinter-

Mitgliedschaft in der GEMA (Fortsetzung)

esse oder das Urheberrecht verstoßen hat. →
(Satzung der GEMA § 9 A 4)

b) Es ist dem Bezugsberechtigten untersagt, auf die Ausfüllung der Programme Einfluß zu nehmen oder Programme selbständig oder im Auftrage auszufüllen. Ausgenommen von diesem Verbot, Programme selbständig oder im Auftrage auszufüllen, sind Bezugsberechtigte, die als ausübende Berufsmusiker oder aufgrund vertraglicher Verpflichtungen zur Ausfüllung von Programmen verpflichtet sind.

In Fällen von falschen Angaben, die einen rechtswidrigen Vermögensvorteil bezwecken, ist der Vorstand im Zusammenwirken mit dem Aufsichtsrat berechtigt, Konventionalstrafen zu fordern, die mit den dem Bezugsberechtigten zufallenden Aufführungserträgnissen kompensiert werden können. Das Recht auf Ausschluß nach § 9 A Ziff. 4 der Satzung bleibt davon unberührt.

c) Von der Verrechnung ausgeschlossen sind Programme, die offensichtlich unrichtig sind oder die entgegen der Bestimmung von Abschnitt III Ziff. 3 von den Bezugsberechtigten ausgefüllt sind.

Programme, die den Namen einzelner Bezugsberechtigter auffallend häufig enthalten, ohne daß hierfür ein sachlicher Grund gegeben ist, sind von der Verrechnung insoweit ausgeschlossen, als sie auf dem zu beanstandenden Tatbestand beruhen. Im Zweifel werden diese Programme bis zur endgültigen Klärung von der Verrechnung zurückgestellt.

In besonders schwerwiegenden Fällen, insbesondere in Wiederholungsfällen, findet aber Abschnitt III Ziff. 3 entsprechende Anwendung.

(Ausführungsbestimmungen zum Verteilungsplan der GEMA für das Aufführungs- und Senderecht III. 3 und IV. 4)

193 – Mißbrauch liegt vor, wenn

1. der Berechtigte mit einem Tarifpartner Absprache trifft, um ein Inkasso der GEMA zu verhindern, d.h., er läßt sich in einem bilateralen Vertrag finanziell abfinden.

Fazit: Das Inkasso bleibt ausnahmslos der GEMA vorbehalten.
(GEMA-Berechtigungsvertrag)

Mitgliedschaft in der GEMA (Fortsetzung)

2. der Berechtigte den Tarifpartner direkt oder indirekt an seinem Aufkommen beteiligt, damit bestimmte Werke in ungerechtfertigter Weise bevorzugt werden.
(Satzung der GEMA § 3.1.e.], GEMA-Berechtigungsvertrag § 5 a])

3. a) das Mitglied vorsätzlich oder grob fahrlässig gegen die Satzung, den Verteilungsplan, den Berechtigungsvertrag, das Vereinsinteresse oder das Urheberrecht verstoßen hat.
   b) das Mitglied im Rahmen der Verwertung des Urheberrechts seine Rechtsstellung gegenüber anderen Mitgliedern ausnutzt.
(Satzung der GEMA § 9 A 4.)

4. das Mitglied in Fällen von falschen Angaben einen rechtswidrigen Vermögensvorteil bezweckt.
(Ausführungsbestimmungen zum Verteilungsplan A III. 3 und B. I. 14)

5. Programme, die den Namen einzelner Mitglieder auffallend häufig enthalten, ohne daß ein sachlicher Grund gegeben ist, sind von der Verrechnung insoweit ausgeschlossen, als sie auf dem zu beanstandenden Tatbestand beruhen. Im Zweifel werden diese Programme bis zur endgültigen Klärung von der Verrechnung zurückgestellt.

Eine Beteiligung am Wertungsverfahren scheidet bei Verstoß gegen die Mißbrauchsvorschriften der Ausführungsbestimmungen zum Verteilungsplan aus.

(Ausführungsbestimmungen zum Verteilungsplan A. IV. 4; GO für das Wertungsverfahren der Komponisten in der Sparte E § 3 II. letzter Abs.; GO für das Wertungsverfahren in der Sparte U § 3 [7])

194 – Ausschluß eines außerordentlichen oder ordentlichen Mitgliedes

Wird ein ordentliches oder außerordentliches Mitglied ausgeschlossen, so bleiben ihm trotzdem die Rechte eines angeschlossenen Mitglieds erhalten. (Satzung der GEMA § 9 c)

195 – Aufnahmegebühr

Die Aufnahme als angeschlossenes oder außerordentliches Mitglied ist abhängig von der Zahlung einer Aufnahmegebühr.

Mitgliedschaft in der GEMA (Fortsetzung)

Für Urheber: 100,- DM plus Mehrwertsteuer
Für Verleger: 200,- DM plus Mehrwertsteuer
(Geschäftsordnung der GEMA für das Aufnahmeverfahren § 1, V. 3. Abs.)

196 – Beendigung der ordentlichen Mitgliedschaft durch Mindereinnahmen

Wenn ein Komponist oder Textdichter in drei aufeinanderfolgenden Jahren ein Durchschnittsaufkommen von weniger als 2.400,- DM jährlich oder in sechs aufeinanderfolgenden Jahren ein Durchschnittsaufkommen von weniger als 2.000,- DM jährlich – gerechnet ab 1.1.1946 – von der GEMA bezogen hat, kann die GEMA die ordentliche Mitgliedschaft für beendet erklären.
(Satzung der GEMA § 9 A 2. [1] a, b)

197 – Beendigung der Mitgliedschaft durch Mißbrauch

→ Nr. 192, 193

Mitgliederversammlung

198 – Festlegung des Termins für die ordentliche Mitgliederversammlung und Einladung

Der Versammlungstermin soll den Mitgliedern spätestens vier Monate vorher bekanntgegeben werden. Die Nichteinhaltung dieser Bekanntgabefrist hat nicht die Unwirksamkeit der durch die Mitgliederversammlung gefaßten Beschlüsse zur Folge. Die Einladung erfolgt schriftlich drei Wochen vorher unter Bekanntgabe der Tagesordnung und eines Auszuges aus dem Geschäftsbericht.

Tagungsorte: Berlin und München, wechselnd alle 2 Jahre.
(Verf. und Satzung der GEMA § 10, 1.5.)

Mitgliedschaft in der GEMA (Fortsetzung)

199 – Außerordentliche Versammlung der ordentlichen Mitglieder – Anberaumung

Wenn der Aufsichtsrat es für nötig erachtet oder 10 % der Mitglieder es wünschen, wird eine außerordentliche Versammlung der ordentlichen Mitglieder anberaumt.
(Satzung der GEMA § 10, 3.)

200 – Anträge für die ordentliche Mitgliederversammlung

Erforderlich sind 10 Unterschriften ordentlicher Mitglieder.
Einreichung 8 Wochen vor der Mitgliederversammlung.
Anträge können auch Vorstand und Aufsichtsrat stellen.
(Satzung der GEMA § 10, 5) Nr. 134

201 – Entlastung des Vorstandes und des Aufsichtsrates

→ Nr. 65

Die Entlastung des Vorstandes und des Aufsichtsrates findet nach Bekanntgabe des Geschäftsberichtes und des Jahresabschlusses statt.
(Satzung der GEMA § 10, 6a, b)

202 – Wahl des Aufsichtsrates

Am Vortage der Mitgliederversammlung treten die drei Berufsgruppen (Kurien) getrennt zusammen und wählen ihre Aufsichtsratsmitglieder.
In zwei Wahlgängen, die auf Antrag in geheimer Abstimmung erfolgen, werden
a) 3 Komponisten E-Musik
b) 3 Komponisten U-Musik
gewählt. Die aus der Versammlung vorgeschlagenen Kandidaten haben in der Regel eine kurze Aussage über ihre Person vorzutragen. Bei der geheimen Abstimmung werden jeweils bei a) und b) 3 Kandidaten gewählt.
(Qualifizierte Mehrheit, d.h., über 50 % der Ja-Stimmen, entscheidet).

Bei den Textdichtern werden in gleicher Weise 4 Textdichter, bei den Verlegern 5 Verleger und bei jeder Berufsgruppe zwei Stellvertreter gewählt.

Mitgliedschaft in der GEMA (Fortsetzung)

Die gewählten Kandidaten bedürfen der Zustimmung aller drei Berufsgruppen.
→ Ablehnung der Wahl eines Aufsichtsratsmitgliedes. Nr. 20
(gemäß Satzung der GEMA § 13 und Verf.)

203 – Abstimmung über die Anträge

Bei den getrennten Berufsgruppenversammlungen am Vortag werden die vorliegenden Anträge erörtert und zur Abstimmung gebracht.

Bei der Mitgliederversammlung aller Berufsgruppen werden die Resultate vorgelegt. Anträge, die bei **einer** Berufsgruppe keine Zustimmung finden, gelten als **abgelehnt.**

Die Versammlung kann allerdings beschließen, strittige Fragen zur Diskussion zu stellen, den Vermittlungsausschuß anzurufen und eventuell eine nochmalige Abstimmung vornehmen zu lassen.

(vgl. Versammlungsordnung Abschn. III, 4 und Verf.)

204 – Satzungsänderung

Eine Satzungsänderung kann nur durch eine Zweidrittelmehrheit innerhalb der einzelnen Kurien durchgesetzt werden, die in der Mitgliederversammlung deklariert wird. In strittigen Fällen kann die Abstimmung berufsgruppenweise in der Mitgliederversammlung wiederholt werden.
(Satzung der GEMA § 19 und Verf.)

205 – Besucherzahl

Bei den jährlichen Versammlungen der ordentlichen Mitglieder läßt sich feststellen, daß nur ein kleiner Teil der Mitglieder erscheint und das besonders bei Komponisten und Textdichtern.

Komponisten in der GEMA	Teilnehmerzahl bei der jährlichen Mitgliederversammlung	In Prozent
ca. 1000 ordentliche Mitglieder	ca. 100 Komponisten (mit Delegierten)	ca. 11 %
Textdichter ca. 280 ordentliche Mitglieder	ca. 35 Textdichter (mit Delegierten)	ca. 18 %

Mitgliedschaft in der GEMA (Fortsetzung)

Musikverleger ca. 315 ordentliche Mitglieder	ca. 160 Verleger (mit Delegierten)	ca. 60 %

206 – Mitgliederzahl der GEMA

	31.12.1987	31.12.1988
A. Ordentliche Mitglieder		
Komponisten	1.105	1.118
Textdichter	291	292
Verleger	329	339
B. Außerordentliche Mitglieder	3.578	3.669
C. Angeschlossene Mitglieder	15.026	16.901
Insgesamt:	**20.328**	**22.319**

In der Gesamtsumme von
    22.319 sind
    2.152 Verleger und
    2.060 Rechtsnachfolger enthalten.

207 – Mitgliederversammlung – außerordentliche und angeschlossene Mitglieder – Delegierte –

Wahl der Delegierten: alle 2 Jahre, jeweils ein Jahr nach der Aufsichtsratswahl.

Voraussetzung: Der Delegierte muß mindestens zwei Jahre der GEMA angehören.

Zahl der Delegierten: 17 Mitglieder. 8 aus der Berufsgruppe Komponisten, davon mindestens drei Rechtsnachfolger; 3 aus der Berufsgruppe Textdichter, davon mindestens zwei Rechtsnachfolger; 4 aus der Berufsgruppe Verleger.
Jede Berufsgruppe wählt einen Stellvertreter.

Ihre Rechte: Den Delegierten und ihren Stellvertretern stehen alle Rechte der ordentlichen Mitglieder zu, mit Ausnahme des passiven Wahlrechts.

a. Teilnahme an der ordentlichen Mitgliederversammlung

b. Anträge für die ordentliche Mitgliederversammlung zu stellen.

Mitgliedschaft in der GEMA (Fortsetzung)

c. Beratende Mitwirkung bei der Wertung der außerordentlichen und angeschlossenen Mitglieder. Die Delegierten werden für die Amtsperiode der Wertungsausschüsse vom Aufsichtsrat und von der Mitgliederversammlung gewählt.
(Satzung der GEMA § 12, 1.-4. Geschäftsordnungen der Wertungsverfahren der Komponisten in der Sparte E § 1 [4], in der Sparte U-Musik § 1 [3])

208 Miturheber, Verjährungsfrist

Steht das Urheberrecht **mehreren** Urhebern zu, so erlischt es 70 Jahre nach dem Tode des längstlebenden Miturhebers.
(UrhG § 65)

209 Musikdramatische Werke
(Gr. Recht, ARD oder ZDF)
– Abendfüllende Bühnenwerke –

210 – I. Fernsehen

211 – a) Vergütung

Der Richtsatz liegt zwischen
DM 31.554,– + USt = DM 33.762,78
und
DM 36.780,– + USt = DM 39.354,60
bei einer Spieldauer von 90 Minuten oder darüber.

Bei einer Spieldauer zwischen
60 und 90 Minuten = 66 2/3 %
30 und 60 Minuten = 50 %
bis 30 Minuten = 33 1/3 %
des Richtsatzes.

Für das ARD/ZDFgemeinsame Vormittagsprogramm beträgt das Sendeentgelt bei der Wiederholung von Sendungen aus dem vorausgegangenen Werktag 33 1/3 % des Richtsatzes.

Für Wiederholungssendungen gelten ansonsten die gleichen Sätze wie für die Erstsendung.

Musikdramatische Werke (Fortsetzung)

212 – b) Materialentschädigung

Die Materialentschädigung beträgt 50 % des Sendeentgeltes, höchstens jedoch DM 10.518,- je Sendung, im Vormittagsprogramm ARD/ZDF 33 1/3 % des Sendeentgeltes (Richtsatzes) höchstens DM 3.506,-.

Musikdramatische Werke
(Großes Recht, ARD)
– Abendfüllende Bühnenwerke –

213 – II. Hörfunk
(Mit Materialleihgebühr)

214 – Tabelle der Entgelte

	von netto	+ U.St. (z.Z. 7%)	DM = brutto	bis netto	+ U.St. (z.Z. 7%)	DM = brutto
BR	4.284,-	299,88	**4.583,88**	6.108,-	427,56	**6.535,56**
NDR/WDR	7.494,-	524,58	**8.018,58**	10.704,-	749,28	**11.453,28**
NDR (allein UKW)	5.355,-	374,85	**5.729,85**	7.494,-	524,58	**8.018,58**
WDR (allein UKW)	6.426,-	449,82	**6.875,82**	9.204,-	644,28	**9.848,28**
HR, SFB Rias*), SDR	2.673,-	187,11	**2.860,11**	3.831,-	268,17	**4.099,17**
SWF	3.024,-	211,68	**3.235,68**	4.338,-	303,66	**4.641,66**
RB, SR	2.037,-	142,59	**2.179,59**	2.835,-	198,45	**3.033,45**
DW**)	2.625,-	183,75	**2.808,75**	3.744,-	262,08	**4.006,08**
DLF	3.375,-	236,25	**3.611,25**	4.821,-	337,47	**5.158,47**
SDR/SWF/SR Kooperation				6.936,-	485,52	**7.421,52**

215 – Anmeldebogen für ein dramatisch-musikalisches Werk

(Zweitwiedergaberechte für Hörfunk und Fernsehen z.B. Gaststätten)

„Der unterzeichnete Bühnenverleger überträgt seine Rechte an dem hiermit angemeldeten Werk auf die GEMA. Er erklärt sich damit einverstanden, daß die GEMA dem Werkberechtigten auf Anfrage Auskunft über die Höhe des von der GEMA an den Bühnenverleger ausgezahlten Betrages erteilt."

Ist der Komponist/Textdichter Selbstverleger, überträgt er diese Rechte ebenfalls der GEMA.

Musikdramatische Werke (Fortsetzung)

Bei Wiedergabe erfolgt die Verrechnung in der Weise, daß der Verleger die Anteile aus der Sparte R verrechnet erhält. (Ausführungsbestimmungen zum Verteilungsplan der GEMA für das Aufführungs- und Senderecht VIII 4.b, 2. Anhang)

216 Sendungen dramatisch-musikalischer Werke als kleines Recht

a) Im Bereich des Hörfunks zählen Teile sowie Querschnitte und Ausschnitte eines dramatisch-musikalischen Werkes bis zu einer Gesamtsendedauer von 25 Minuten (ohne Vorspann, An- und Absage) als kleines Recht. Voraussetzung ist, daß die Sendung der Teile nicht mehr als 25 % der Sendedauer des **ganzen** Werkes beansprucht und nicht das szenische Geschehen des ganzen Werkes in seinen wesentlichen Zügen dargeboten wird.

b) Im Bereich des Fernsehens zählt eine Gesamtdauer von 15 Minuten als kleines Recht. Voraussetzung ist, daß die Sendung der Teile nicht mehr als 25 % der Sendedauer des ganzen Werkes beansprucht.
Für den internationalen Programmaustausch gilt anstelle von 15 Minuten eine Grenze von 20 Minuten.
(GEMA-Nachrichten, Heft 112, S. 56)

217 Musikfonds für Musikurheber
Zweck

1. Der Musikfonds ist eine Einrichtung zur Förderung zeitgenössischer deutscher Musik durch Unterstützung kompositorischen Schaffens und dessen Verbreitung im In- und Ausland.

Die angestrebte Förderung der Musikurheber kann dabei durch verschiedenste Maßnahmen erfolgen, wie z.B. durch

- Ausschreibung/Durchführung/Preise/Beihilfen etc. bei Wettbewerben,
- Initiativen oder Beihilfen zu Dokumentationen (Tonträger/Archivmaterial), Aufnahmen, Aufführungen sowie künstlerischen oder musikwissenschaftlichen Publikationen,
- Mitfinanzierung von Ensembles, die sich insbesondere zeitgenössischen Werken widmen,
- Ausbildungsstipendien, Förderkurse, Maßnahmen zur Weiterbildung.

2. Der Musikfonds verfolgt mit dieser Zielsetzung ausschließlich und unmittelbar gemeinnützige Zwecke i.S. von § 52 der Abgabenordnung. Der Musikfonds ist selbstlos tätig und dient keinerlei eigenwirtschaftlichen Zwecken.

218 Musikkorps der Bundeswehr
– Anschriften –

Stabsmusikkorps der Bundeswehr
Brückberg-Kaserne, Luisenstr. 109, 5200 Siegburg, Tel. (0 22 41) 6 60 71 74

Ausbildungsmusikkorps der Bundeswehr
Waldkaserne, Elberfelderstr. 200, 4010 Hilden, Tel. (0 21 03) 8 00 64

Heeresmusikkorps 100
Postfach 42 29 L, 4400 Münster/Westfalen, Tel. (02 51) 50 61

Heeresmusikkorps 300
Gneisenau-Kaserne, Postfach 63 40, 5400 Koblenz-Horchheim, Tel. (02 61) 7 80

Heeresmusikkorps 1
Boelcke-Kaserne, Everhorster Str. 65, 3000 Hannover 42, Tel. (05 11) 73 50 15

Heeresmusikkorps 2
Jägerkaserne, Bosestr. 7, 3500 Kassel, Tel. (05 61) 31 91

Heeresmusikkorps 3
Theodor-Körner-Kaserne, 2120 Lüneburg, Tel. (0 41 31) 80

Heeresmusikkorps 4
Am Dreifaltigkeitsberg, 8400 Regensburg, Tel. (09 41) 7 20 21

Heeresmusikkorps 5
Steubenkaserne, 6300 Gießen, Tel. (06 41) 4 20 71

Heeresmusikkorps 6
Sophienterrasse 14, 2000 Hamburg 13, Tel. (0 40) 4 15 05 70-71

Heeresmusikkorps 7
Bergische Kaserne, Knittkuhlerstr. 2, 4000 Düsseldorf 12, Tel. (02 11) 28 40 11

Gebirgsmusikkorps 8
Krafft v. Dellmensingen-Kaserne, 8100 Garmisch-Partenkirchen, Tel. (0 88 21) 5 00 71

Heeresmusikkorps 9
Theodor Heuss-Kaserne, Nürnberger Str. 184, 7000 Stuttgart 50, Tel. (07 11) 5 05/1

Heeresmusikkorps 10
Wilhelmsburg-Kaserne, 7900 Ulm/Donau, Tel. (07 31) 1 69

Heeresmusikkorps 11
Roland-Kaserne, 2820 Bremen 70, Tel. (04 21) 66 60 11

Heeresmusikkorps 12
Balthasar-Neumann-Kaserne, 8707 Veitshöchheim, Tel. (09 31) 9 10 41

Luftwaffenmusikkorps 1
Postamt D 4, 8014 Neubiberg/München, Tel. (0 89) 6 00 41

Luftwaffenmusikkorps 2
Dragoner-Kaserne, Postfach 24 29, 7500 Karlsruhe, Tel. (07 21) 84 40 11

Luftwaffenmusikkorps 3
Manfred v. Richthofenstr. 34, Postfach 46 80, 4400 Münster, Tel. (02 51) 3 09 11

Luftwaffenmusikkorps 4
Blomkamp 61, 2000 Hamburg 53, Tel. (0 40) 86 67

Marinemusikkorps Nordsee
Ebkeriege, 2940 Wilhelmshaven, Tel. (0 44 21) 79

Marinemusikkorps Ostsee
Greifwalderstr. 14, 2300 Kiel 1, Tel. (04 31) 3 09 41

Big Band der Bundeswehr
Funkkaserne, Frauenbergerstr. 250, 5350 Euskirchen, Tel. (0 22 51) 70 91

(Nähere Auskünfte bei Oberstleutnant Kurt Ringelmann, Leibnizstr. 60, 5300 Bonn 2)

219 Musikrat, Deutscher

1953 unter Mitwirkung der deutschen UNESCO-Kommission unter Bezeichnung „Deutsche Sektion des internationalen Musikrates" gegründet. Der Name „Deutscher Musikrat" wurde 1956 ergänzt.

Er umfaßt 78 Musikorganisationen,
        58 Einzelmitglieder,
        26 Mitglieder des Ehrenrates,
        11 Landesmusikräte.

Adresse: Am Michaelshof 4a, 5300 Bonn 2, Telefon (02 28) 36 40 85
Präsident: Prof. Dr. Franz Müller-Heuser
Generalsekretär: Dr. Andreas Eckhardt
Herausgabe: Musik-Almanach
(erscheint dreijährig – nächste Ausgabe 1990/91)

220 Förderungsprojekt „Konzert des Deutschen Musikrates"

Adresse: Deutscher Musikrat (DMR),
Am Michaelshof 4 a, Postfach 20 04 62,
5300 Bonn 2, Tel. (02 28) 36 40 88/89
Telefax: (02 28) 35 26 50 – TA: Musikrat Bonn

Vorsitzender des Hauptausschusses:
Prof. Klaus Bernbacher

Geschäftsführer: Detlef Müller-Hennig

221 – Träger:

Deutscher Musikrat. Finanzierung durch die Kulturstiftung der Länder (Mittel des Bundesministers des Innern) und die Gesellschaft zur Verwertung von Leistungsschutzrechten (GVL).

222 – Hist.:

Eingerichtet mit der Konzertsaison 1980/81.

223 – Teilnehmer:

Alle deutschen Berufssinfonie- und Berufskammerorchester (ausgenommen Rundfunkorchester) sowie deutsche professionelle Ensembles für zeitgenössische Musik.

224 – Aufgabe:

Förderung von Werken zeitgenössischer deutscher Komponisten und von hervorragenden jungen deutschen Interpreten. Durchführung von „Konzerten des Deutschen Musikrates" im Rahmen regulärer Konzertreihen, deren Programme die beiden folgenden Bestandteile enthalten müssen:

1. Das Werk eines deutschen Komponisten – komponiert und uraufgeführt nach 1950.

2. Verpflichtung eines jungen, deutschen Solisten (Höchstalter 35 Jahre), ausgewählt aus einer vom Deutschen Musikrat herausgegebenen Künstlerliste.

Die beiden Bestandteile können auch auf zwei Konzerte verteilt werden. Für die Ensembles gilt: die Hälfte des Programms muß aus Werken zeitgenössischer deutscher Komponisten bestehen.

225 – Förderung:

Zu den durch die Aufführung der zeitgenössischen Komposition entstehenden außergewöhnlichen Kosten und zum Solistenhonorar kann der Veranstalter einen Zuschuß beantragen.
Besonders gefördert werden solche Projekte, die sich durch mutige und ungewöhnliche dramaturgisch-programmatische Inhalte auszeichnen und/oder neue Wege der Vermittlung gehen. **Antragstellung erforderlich.**

226 Musikverlagsverträge

Vom „Musikhandel" (Friedrich-Wilhelm-Straße 31, 5300 Bonn 1) wurden Musterverträge herausgegeben, die von fast allen Verlagen benutzt werden:
a) E-Musik = 190/E
b) U-Musik = 107/U
Es können in diesem Rahmen nur grundsätzliche Hinweise gegeben werden, die zu beachten sind.

227 I. E-Musikverlagsvertrag

1. Spätestens acht Monate nach Vertragsabschluß muß die Drucklegung erfolgt sein. Bei aufwendigen Werken (Opern etc.) kann ein späterer Termin eingeräumt werden. Bei Nichteinhaltung dieser Fristen kann das **Rückrufrecht** angewandt werden.

2. Sollte ein zusätzlicher Unkostensatz z.B. 20% eingesetzt sein, so ist dieser Passus auf jeden Fall zu streichen.

3. Die Höhe der Auflage ist festzulegen.

4. Erst wenn nach Abdeckung der Herstellungskosten Entgelte vereinbart werden, müssen die Kosten nach Fertigstellung dem Autor mitgeteilt werden.

5. Im mechanischen Recht ist der Schlüssel 60 : 40 zu vermerken.

6. Keinesfalls sind mündliche Vereinbarungen zu treffen, die im nachhinein nicht schriftlich bestätigt werden.

7. **Übersendung von Werken an Musikverleger**
   – Vorbehalte –

   Der Musikverlagsvertrag bedarf zu seiner Wirksamkeit keiner Form, kann dementsprechend auch mündlich abgeschlossen werden. Es empfiehlt sich, zu Beweiszwecken in jedem Falle auf einer schriftlichen Ausfertigung der getroffenen Vereinbarungen zu bestehen.

Der Musikverlagsvertrag kommt, wie jeder Vertrag, durch ein Angebot und dessen Annahme zustande.

Übersendet ein Urheber einem Verlag, mit dem er bereits in geschäftlichen Beziehungen steht, ein Werk und wird dieses Werk vom Verleger verlegt, so liegt hierin im Regelfall ein Vertragsabschluß durch „schlüssiges Verhalten" auf der Grundlage der bisher bestehenden vertraglichen Vereinbarungen.

Bestehen noch keine vertraglichen Bindungen zu einem Verlag, so gilt bei einem Vertragschluß durch schlüssiges Verhalten eine – im Streitfall durch einen Sachverständigen festzustellende – angemessene Vergütung sowie im übrigen die gesetzlichen Bestimmungen des Verlagsgesetzes als vereinbart.

Dementsprechend sollte die Übersendung von Werken an einen Verleger nur mit dem ausdrücklichen Vorbehalt erfolgen, daß eine Verwertung des Werkes durch den Verleger nur nach Abschluß eines schriftlichen Musikverlagsvertrages erfolgen darf. R.A. Thomas Schaper

228 II. U-Musikverlagsvertrag

Es ist ratsam, den bis Ende 1988 gültigen Vertrag anzuwenden. Seit Beginn des Jahres 1989 existiert ein neuer Vertrag, der sowohl von der GEMA, dem Textdichterverband als auch vom IDK abgelehnt wird. Deswegen ist eine Stellungnahme hierzu nicht gegeben. Abschließend sei gesagt, daß ein Autor vor Abschluß eines Vertrages sich von Sachverständigen beraten lassen sollte. Nur so kann er sich vor eventuellen Schäden schützen.

N

229 Nachgelassenes Werk

Wird ein nachgelassenes Werk nach Ablauf von 60, aber vor Ablauf von 70 Jahren nach dem Tode des Urhebers veröffentlicht, so erlischt das Urheberrecht erst 10 Jahre nach der Veröffentlichung dieses Werkes.
(URhG § 64 [2])

230 Nachträglich unterlegte Texte

Diese werden nur dann verrechnet, wenn die Zugkraft des Musikwerkes durch die nachträgliche Textierung bewirkt wurde. Im Streitfall entscheidet der Werkausschuß.
(Verteilungsplan der GEMA für das mechanische Vervielfältigungsrecht B § 3, 3)

231 Neues Urheberrecht

(Änderungen zum Urheberrechtsgesetz vom 1.1.1966)
Anspruch auf Zahlungen durch Aufnahmen von Funksendungen auf Bild- oder Tonträger gegen den Hersteller
1. von Geräten und
2. Bild- oder Tonträgern.
(Geänderte Vorschriften vom 1. Juli 1985 § 54 [1])

I. Vergütung nach § 54 Abs. 1:
  Die Vergütung aller Berechtigten beträgt

  1. für jedes Tonaufzeichnungsgerät — 2,50 DM
  2. für jedes Bildaufzeichnungsgerät mit oder ohne Tonteil — 18,00 DM
  3. bei Tonträgern für jede Stunde Spieldauer bei üblicher Nutzung — 0,12 DM
  4. bei Bildträgern für jede Stunde Spieldauer bei üblicher Nutzung — 0,17 DM
  5. für jedes Ton- und Bildaufzeichnungsgerät für dessen Betrieb nach seiner Bauart gesonderte Träger (Nummern 3 und 4) nicht erforderlich sind, das Doppelte der Vergütungssätze nach den Nummern 1 und 2.

II. Vergütung nach § 54 Abs. 2:

  1. Die Vergütung aller Berechtigten nach § 54 Abs. 2 Satz 1 beträgt für jedes Vervielfältigungsgerät mit einer Leistung

     von 2 bis 12 Vervielfältigungen je Minute — 75,- DM
     von 13 bis 35 Vervielfältigungen je Minute — 100,- DM
     von 36 bis 70 Vervielfältigungen je Minute — 150,- DM
     über 70 Vervielfältigungen je Minute — 600,- DM

  2. Die Vergütung aller Berechtigten nach § 54 Abs. 2 Satz 2 beträgt für jede DIN-A4-Seite der Ablichtung

     a) bei Ablichtungen, die aus auschließlich für den Schulgebrauch bestimmten, von einer Landesbehörde als Schulbuch zugelassenen Büchern hergestellt werden, — 0,05 DM
     b) bei allen übrigen Ablichtungen — 0,02 DM

  3. Bei Vervielfältigungsgeräten, mit denen mehrfarbige Ablichtungen hergestellt werden können, und bei mehrfarbigen Ablichtungen ist der doppelte Vergütungssatz anzuwenden.

  4. Bei Vervielfältigungsverfahren vergleichbarer Wirkung sind diese Vergütungssätze entsprechend anzuwenden.

232 Notenleihmaterial

– Entgelte der Rundfunkanstalten –

pro Minute Sendezeit

1. Bayerischer Rundfunk	16,80 DM
2. Hessischer Rundfunk	8,00 DM
3. Norddeutscher Rundfunk	21,00 DM
4. Radio Bremen	5,90 DM
5. Saarländischer Rundfunk	5,60 DM
6. Sender Freies Berlin	8,00 DM
7. Süddeutscher Rundfunk Stuttgart	8,00 DM
8. Südwestfunk	9,70 DM
9. Westdeutscher Rundfunk	21,00 DM
10. Deutsche Welle	14,10 DM
11. Deutschlandfunk	14,10 DM
12. RIAS	8,40 DM

P

233 Parodien

Parodietexte zu geschützten Werken und musikalische Parodien bedürfen zur Veröffentlichung und Verwertung der Zustimmung des Urhebers. (UrhG § 24, [2])

234 Patentamt, Inhalt der Aufsicht

1. Die Aufsichtsbehörde hat darauf zu achten, daß die Verwertungsgesellschaft ihren nach diesem Gesetz obliegenden Verpflichtungen ordnungsgemäß nachkommt.

2. Die Aufsichtsbehörde kann von der Verwertungsgesellschaft jederzeit Auskunft über alle die Geschäftsführung betreffenden Angelegenheiten sowie Vorlage der Geschäftsbücher und anderer geschäftlicher Unterlagen verlangen.

3. Die Aufsichtsbehörde ist berechtigt, an der Mitgliederversammlung und, wenn ein Aufsichtsrat oder Beirat besteht, auch an deren Sitzungen durch einen Beauftragten teilzunehmen.

4. Rechtfertigen Tatsachen die Annahme, daß ein nach Gesetz oder Satzung zur Vertretung der Verwertungsgesellschaft Berechtigter die für die Ausübung seiner Tätig-

keit erforderliche Zuverlässigkeit nicht besitzt, so setzt die Aufsichtsbehörde der Verwertungsgesellschaft zur Vermeidung des Widerrufs der Erlaubnis nach § 4 Abs. 1 Nr. 1 eine Frist zu seiner Abberufung. Die Aufsichtsbehörde kann ihm bis zum Ablauf dieser Frist die weitere Ausübung seiner Tätigkeit untersagen, wenn dies zur Abwendung schwerer Nachteile erforderlich ist.
(UrhWG § 19 [1] - [4])

235 – Unterrichtungspflicht

Die Verwertungsgesellschaft hat der Aufsichtsbehörde jeden Wechsel der nach Gesetz oder Satzung zu ihrer Vertretung berechtigten Personen anzuzeigen. Sie hat der Aufsichtsbehörde unverzüglich abschriftlich zu übermitteln:

1. jede Satzungsänderung,
2. die Tarife und jede Tarifänderung,
3. die Gesamtverträge,
4. die Vereinbarungen mit ausländischen Verwertungsgesellschaften,
5. die Beschlüsse der Mitgliederversammlung, eines Aufsichtsrates oder Beirates und aller Ausschüsse,
6. den Jahresabschluß, den Geschäftsbericht und den Prüfungsbericht,
7. die Entscheidungen in gerichtlichen oder behördlichen Verfahren, in denen sie Partei ist, soweit die Aufsichtsbehörde dies verlangt. (UrhWG § 20, 1. - 7.)

236 Phono – Gema – Abrechnungen (Inland)

Firmen-Abkürzungen –
– bei Einzelaufstellungen der Werke –

Firma:	Abkürzungen:
A. AGM Schallplatten Arno Graul	AGM
Airlift	Airlift
Alcophon AV GmbH. KG	Alcophon
Alparslan Temeltasch	TEMEL
AMV Musikstudios	AMV
Arcade Records Deutschland GmbH	ARCADE
ARC-Music	ARC
Ariola-Eurodisc GmbH	ARIOLA

Arminia Musikproduktion E. Storz	STORZ
Astra Musikverlag u. Produktion	ASTRA
Atlas Tonträgerfabrikation GmbH	ATLAS
Aulos Schallplattenverlag	AULOS
AZ-Records	AZRECORDS
B. Bärenreiter-Verl. K. Vötterle u. Co. KG	BAERREI
BB-Schallplatten GmbH	BB
Bella Musica Tonträger GmbH	BELLAMUS
Bellaphon Records GmbH u. Co. KG. Tontr.	BELLAPHO
Bertelsmann Club	BERTELSM
Boehnke, Klaus, GmbH	BOEHNKE
C. Cafano Cassetten-Fabr. GmbH & Co. KG	CAFANO
Calig-Verlag GmbH	CALIG
Carus-Verlag GmbH	CARUS
Cassetten-Compakt- u. Musik-Cassetten-Prod.	CASSETTO
CBS Schallplatten GmbH	CBS
CBS-Schallpl. Niederlande	CBS-NL
Christophoros-Verlag GmbH	CHRISTO
Countdown Musik Musikvertrieb GmbH	COUNTDOW
D. Musikprod. Dabringhaus & Grimm	D + G
Verlag Das Beste GmbH	READERS
Des Alpes Musikprod. GmbH	DESALPES
Deutsche Austrophon Schallpl. Vertriebsg.	AUSTRO
Deutsche Buchgem. C.A. Koch's Verlag Nachf.	DTSCHBG
Deutsch. Schallpl.-Club im Deutsch. Bücherb.	DTSCHCL
Dino Music GmbH	DINO
Disc Intern. Musikprod.ges. mbH	DISC INT
Diverse	DIVERSE
E. Edition Bauer, M. Frauenlob	ED BAUER
Edition Show Business G. Greffenius & Co.	SHOWBUSI
EFA Vertrieb – H. Lewald & U. Vormehr	EFA
Eigelstein Musikproduktion GmbH	EIGELST

	Elektro Egger GmbH	EGGER
	EMI Electrola GmbH	CHASTAL
	Emston Musik	EMSTON
	ENJA European New Jazz Musik-GmbH	ENJA
	Erdenklang Musikverlag	ERDENKLA
	E.R.P. Musikverlag E. Rahn	ERP
	Eurotape Audio- und Video-Programmtäger GmbH & Co. Produktions KG	EUROTAPE
	Europäische Bildungsgemeinschaft Verlags-GmbH	EUROP
F.	Fidula-Verlag Holzmeister GmbH	FIDULA
	Floraton Musik GmbH	FLORATON
	Flower-Records Schallplatten Horst Goetze	FLOWER
	Fränkisches Landesorchester Colosseum-Astoria"	COLOSSEU
	Funk Record Kuhl & Co. KG	FURECORD
G.	Gama Musikverlags GmbH	GAMA
	Gruner & Jahr AG und Co.	GRUNER
H.	Haenssler-Verlag Friedrich Hänssler KG	HANSSLER
	Hardt Cassetten GmbH	HARDT
	HGBS Studio + Musikproduktion GmbH	HGBS
	Matth. Hohner AG	HOHNER
I.	Idee Tonträger GmbH	IDEE
	IDS, International Disc Service	IDS
	Impress GmbH	IMPRESS
	Intercord Tongesellschaft mbH	INTER
	Interpress Tonträger GmbH & Co. KG	INTERPRE
	Intersound Musikverlag-Musikproduktion-Musikvertrieb GmbH & Co. Edition Tonarchiv KG	INSOUND
	Italo-Heat-Music Produktionsgesellschaft mbH	ITALO
	ITP Tonband Produktions KG Riwo Verwaltungs-GmbH & Co.	ITP
J.	Peter Janssens Musik Verlag	JANSSENS
	Janz Team e.V.	JANZ
	Jeton Gesellschaft für Musikproduktion u. -Verlag mbH	JETON
	Juventus Records Runkel KG	JUVENTUS

K.	Fred Kersten KG	KERSTON
	Ernst Klett	KLETT
	K-Tel International GmbH	K-Tel
L.	H. Lamping GmbH & Co. KG	LAMPING
	Line Music GmbH	LINE
	Lingen Verlags- und Werbe-GmbH & Co. KG	LINGEN
	LORELEY Film und Ton GmbH	LORELEY
	Lüne-ton GmbH & Co. KG	LUENETON
M.	Magna Tonträger Produktions GmbH	MAGNA
	Mediaphon Musikproduktion und Vertrieb Dr. Udo Unger	MEDIAPHON
	Membran GmbH	MEMBRAN
	Metronome Musik GmbH	METRO
	Bernhard Mikulski Schallplatten Vertriebs GmbH	POPIMPOR
S.	Starlet Tonträgervertrieb GmbH	STARLET
	Star-Musikproduktion GmbH	STAR
	Johannes Stauda Verlag GmbH	STAUDA
	Studios Berlin, H. J. Heidenreich KG	STBERLIN
	Supertone Schallplattendienst Dr. Heinz Stein	SUPERTON
	Süwe Vertriebs- und Dienstleistungsgesellschaft mbH & Co. KG	SUEWE
T.	Teldec Schallplatten GmbH	TELDEC
	Telesonic Deutschland GmbH	TELESONI
	Thorofon Schallplatten H. König KG	THOROFON
	Tonbild – Schallplatten, Michael Ingerl	INGERL
	Tonfilm Herstellungsrecht	TONF
	Tonomatic Tonträger GmbH	TONOMATI
	Tonstudio Zuckerfabrik GmbH	ZUCKERFA
	Tonstudios, Tonband- und Gelegenheitsaufnahmen	STUDIOS
	TTT-Taunus-Ton-Technik Alfred Petith KG	PETITH
	Türküola Yilmaz Asöcal	TUERKUEO
U.	Uzelli Vertriebs GmbH	UZELLI
V.	Vera Brandes Schallplatten	VERABRA
	Vereinigte Motor Verlage GmbH & Co. KG	VMV

Virgin Schallplatten GmbH	VIRGIN
Voggenreiter Verlag	VOGGENRE
David Volksmund Produktion GbR	VOLKSMUN
Vollton Musikverlag Witecka, Wohlleben & Partner	VOLLTON
W. W E A Musik GmbH	W E A
Wergo Schallplatten GmbH	WERGO
WPL-Musikproduktion GmbH & Co. KG	WPL

237 Plagiat

Geistiger Diebstahl, bei dem fremdes Geistesgut als eigenes ausgegeben wird.

238 Programmausschuß

Der Programmausschuß besteht aus Aufsichtsratsmitgliedern. Er hat die Aufgabe, die ordnungsgemäße Erfassung, Bearbeitung und Auswertung der Programme zu kontrollieren, hierüber dem Aufsichtsrat zu berichten und ggf. Änderungsvorschläge zu machen.

Der Programmausschuß besteht aus 2 Unterausschüssen,

a) Ausschuß für E-Musik

b) Ausschuß für U-Musik

(Geschäftsordnung der GEMA für den Programmausschuß § 1 + § 3)

239 Programm- und Aufführungserfassung

1. Die Geschäftsleitung der GEMA sorgt für die Erfassung und Bearbeitung der Programme und hat die Erwerber von Aufführungsgenehmigungen zu verpflichten, der GEMA die zur Aufführung gebrachten Werke genau anzuzeigen.

2. Die Geschäftsleitung ist verpflichtet, auf die Erfassung der Programme die größte Sorgfalt zu verwenden. Sie ist berechtigt, jede ihr geeignet erscheinende Maßnahme zur Erfassung der Programme zu treffen. Für die Vollständigkeit der Programme und der Programmerfassung trägt die Geschäftsleitung keine Verantwortung.

3. Es ist dem Bezugsberechtigten untersagt, auf die Ausfüllung der Programme Einfluß zu nehmen oder Programme selbständig oder im Auftrage auszufüllen. Ausgenommen von diesem Verbot, Programme selbständig oder im Auftrage auszufüllen, sind Bezugsberechtigte, die als ausübende

Berufsmusiker oder aufgrund vertraglicher Bindungen zur Ausfüllung von Programmen verpflichtet sind.

In Fällen von falschen Angaben, die einen rechtswidrigen Vermögensvorteil bezwecken, ist der Vorstand im Zusammenwirken mit dem Aufsichtsrat berechtigt, Konventionalstrafen aufzuerlegen, deren Beträge mit den dem Bezugsberechtigten zufallenden Aufführungserträgen kompensiert werden können. Das Recht auf Ausschluß nach § 9, 4 der Satzung der GEMA bleibt davon unberührt.

4. Programme, die nicht oder nur mit einem den Wert des Programmes überschreitenden finanziellen Aufwand zu erstellen sind, werden von der GEMA kassiert und durch prozentuale Zuschläge im Bereich der Abrechnungen an die Berechtigten weitergegeben.

(Gemäß Ausführungsbestimmungen z. Verteilungsplan der GEMA für das Aufführungs- und Senderecht III. 1. - 4.)

240 Programm-Verwertung

1. Programme von Aufführungen, für die Aufführungsgebühren nach Maßgabe gesetzlicher Bestimmungen oder aus anderen Gründen an die GEMA nicht gezahlt werden, sind von der programmäßigen Verrechnung ausgeschlossen.

2. Programme der Kur- und Bäder-Veranstaltungen, die im Verwertungsgebiet U eingehen, gelangen in dem Verwertungsgebiet E zur Verrechnung, wenn es sich um Konzerte mit ernstem Programm handelt.

3. Die in den Tonfilmprogrammen enthaltene Handmusik, d.h. Aufführungen durch Musiker oder Begleitmusik zu Bühnenschauen, wird in der Sparte VK verrechnet.

4. Von der Verrechnung ausgeschlossen sind Programme, die offensichtlich unrichtig sind oder die entgegen der Bestimmung von Abschnitt III Ziff. 3 von den Bezugsberechtigten ausgefüllt sind.

Programme, die den Namen einzelner Bezugsberechtigter auffallend häufig enthalten, ohne daß hierfür ein sachlicher Grund gegeben ist, sind von der Verrechnung insoweit ausgeschlossen, als sie auf dem zu beanstandenden Tatbestand beruhen. Im Zweifel werden diese Programme bis zur endgültigen Klärung von der Verrechnung zurückgestellt.

In besonders schwerwiegenden Fällen, insbesondere in Wiederholungsfällen, findet aber Abschnitt III Ziff. 3 entsprechende Anwendung.

5. Programme, die erst nach Abschluß eines Geschäftsjahres eingehen, gelangen im folgenden Geschäftsjahr zur Verrechnung.
(Ausführungsbestimmungen zum Verteilungsplan der GEMA für das Aufführungs- und Senderecht IV. 1 - 5)

241 Prüfungspflicht der Musikverlage

Ein Musikverlag darf sich nicht auf die Erklärung des Komponisten über Nichtverletzung fremder Rechte verlassen, sondern ist verpflichtet, sich über die Urheberrechtssituation zu unterrichten. (Vgl. Lit. 2)

242 Pseudonyme, Anmeldepflicht bei der GEMA

Der Bezugsberechtigte kann unter Beachtung der gesetzlichen Vorschriften neben seinem bürgerlichen oder ständigen Künstlernamen auch Pseudonyme benutzen. Die Benutzung hängt jedoch von einer schriftlichen Bestätigung der GEMA ab, daß das gewählte Pseudonym noch nicht von einem Dritten benutzt wird.

Der Name einer Gruppe wird nicht anerkannt. Die Werkanmeldung muß vielmehr für jeden einzelnen Urheber in der sonst üblichen Weise vorgenommen werden.

Die benutzten Pseudonyme dürfen zusammen mit dem bürgerlichen oder dem ständigen Künstlernamen den Verwertern mitgeteilt werden.

Als Kostenersatz ist für das zweite und jedes weitere Pseudonym eine Pauschalvergütung von DM 100,- (zuzüglich Umsatzsteuer in der jeweils gesetzlich vorgeschriebenen Höhe) im Jahr zu zahlen. Der Vergütungssatz erhöht sich vom vierten Pseudonym an auf DM 200,- jährlich.
(Ausführungsbestimmungen zum Verteilungsplan der GEMA für das Aufführungs- und Senderecht I. 3. e)

243 Pseudonyme Werke

(1) Ist der wahre Name oder der Deckname eines Urhebers weder nach UrhG § 10 Abs. 1 noch bei einer öffentlichen Wiedergabe des Werkes angegeben worden, so erlischt das Urheberrecht 70 Jahre nach der Veröffentlichung des Werkes.

(2) Die Dauer des Urheberrechts berechnet sich auch im Falle des Absatzes 1 nach den UrhG §§ 64 und 65.

1. wenn innerhalb der in Absatz (1) bezeichneten Frist der wahre Name oder der bekannte Deckname des Urhebers nach UrhG § 10 Abs. 1 angegeben oder der Urheber auf andere Weise als Schöpfer des Werkes bekannt wird,
2. wenn innerhalb der in Absatz (1) bezeichneten Frist der wahre Name des Urhebers zur Eintragung in die Urheberrolle (UrhG § 138) angemeldet wird,
3. wenn das Werk erst nach dem Tode des Urhebers veröffentlicht wird.

(3) Zur Anmeldung nach Absatz (2) Nr. 2 sind der Urheber, nach seinem Tode sein Rechtsnachfolger (§ 30) oder der Testamentsvollstrecker (§ 28 Abs. 2) berechtigt.
(Gemäß UrhG § 66 [1] - [4])

Q

244 Quellenangabe bei Benutzung oder Vervielfältigung fremder Werke

Wenn ein Werk oder ein Teil eines Werkes vervielfältigt wird, ist stets die Quelle unmißverständlich anzugeben. Bei der Vervielfältigung von Werken ist neben dem Urheber auch der Verlag anzugeben. Außerdem ist kenntlich zu machen, ob an dem Werk Kürzungen oder andere Änderungen vorgenommen worden sind. Die Verpflichtung zur Quellenangabe entfällt, wenn die Quelle weder auf dem benutzten Werkstück oder bei der benutzten Werkwiedergabe genannt noch dem zur Vervielfältigung Befugten anderweitig bekannt ist.

Soweit nach den Bestimmungen dieses Abschnitts die öffentliche Wiedergabe eines Werkes zulässig ist, ist die Quelle deutlich anzugeben, wenn und soweit die Verkehrssitte es erfordert.
(Gemäß UrhG § 63 [1] und [2])

R

245 Rechtsnachfolger des Urhebers

Der Rechtsnachfolger des Urhebers besitzt gemäß GEMA-Bestimmungen die dem Urheber nach diesem Gesetz zustehenden Rechte. (Gemäß UrhG § 30)

246 – Nachweis

Bei Ableben eines Mitgliedes der GEMA haben die Erben innerhalb von 6 Wochen zur Erlangung des Sterbegeldes die GEMA-Verwaltung zu verständigen. Um die Rechtsnachfolge zu sichern, gelten folgende Bestimmungen:

Vorlage eines Erbscheines
oder
eines amtlich eröffneten Testaments
oder
eines Testamentsvollstreckerzeugnisses
oder
sonstige vom Nachlaßgericht auszustellende Urkunden.

247 – Hinweise

→ a) Angeschlossenes Mitglied Nr. 184
→ b) Alterssicherung Nr. 4-12
→ c) Wertungsverfahren E und U Nr. 327 ff
→ d) Schätzungsverfahren der Bearbeiter Nr. 37

248 Rechtzeitige Anmeldung der Werke

Rechtzeitig ist eine Anmeldung dann, wenn sie bei Abrechnung für die Zeit vom 1. Januar bis 30. Juni bis zum 31. Juli des laufenden Jahres, für die Zeit vom 1. Juli bis 31. Dezember bis zum 31. Januar des darauffolgenden Jahres und bei Abrechnungen für die Zeit vom 1. Januar bis 31. Dezember bis zum 1. August des laufenden Jahres eingeht.
(Ausführungsbestimmungen zum Verteilungsplan der GEMA für das Aufführungs- und Senderecht I. 14.)

249 Refrain eines Schlagers, rechtswidrige Benutzung

Ein Refrain mit unpolitischem Inhalt darf nicht unter Ausnutzung seines Bekanntheitsgrades zum Träger einer politischen Aussage gemacht werden. Dies stellt eine rechtswidrige, zum Schadenersatz verpflichtende Verletzung des Vervielfältigungs- sowie Verbreitungsrechts und eine Entstellung dar. (Lit. 2)

250 Reklamationen über nicht verrechnete Aufführungen im E- und U-Sektor

Reklamationen können nur berücksichtigt werden, wenn sie innerhalb einer Frist von 6 Monaten, gerechnet vom Tage der Postaufgabe der Aufstellungen gemäß Ziff. 3 und 4 eingegangen sind. Sie müssen konkrete Angaben enthalten, die eine Prüfung

zulassen, und können ferner nur dann berücksichtigt werden, wenn das Ergebnis einen Mindestbetrag von DM 10,- pro Werk erwarten läßt.
(Ausführungsbestimmungen zum Verteilungsplan der GEMA für das Aufführungs- und Senderecht IX. 5.)

251 Rückrufrecht von Musikverlagsverträgen

Ein Urheber kann das ausschließliche Nutzungsrecht, das er einem Verleger übertragen hat, zurückrufen, wenn es nicht oder unzureichend ausgeübt wurde und dadurch berechtigte Interessen des Urhebers verletzt wurden, d.h., der Urheber kann den Musikverlagsvertrag auflösen. (Gemäß UrhG § 41)

S

252 Sammelwerke

Sammlungen von Werken oder anderen Beiträgen, die durch Auslese oder Anordnung eine persönlich geistige Schöpfung sind (Sammelwerke), werden unbeschadet des Urheberrechts an den aufgenommenen Werken wie selbständige Werke geschützt. (UrhG § 4)

253 Satzungen (auszugsweise)

1. Satzung GEMA Nr. 101
2. Satzung GEMA-Sozialkasse Nr. 102
3. Satzung GEMA-Stiftung Nr. 118
4. Satzung Musikfonds für Musikurheber Nr. 217

254 SK – Sonderkonto

Der SK-Vermerk erscheint als Fußnote auf der Phono-Einzelaufstellung. Der Empfänger der SK-Beträge ist zur Prüfung verpflichtet, ob eigene Weiterverrechnung an andere Berechtigte erforderlich ist.

255 Subverlag

(Grundbestimmungen)

1 a) Subverlags- und Generalverträge sollen für die Dauer der Schutzfrist des Werkes, mindestens aber für 10 Jahre abgeschlossen werden.

b) Im Falle einer Gemeinschaftsproduktion ist der Anteil für die beteiligten Verlage nicht höher als 4/12.

256 – Verteilungs-Grundsatz

Im Sinne der konföderalen Regelung (Londoner Verteilungsschlüssel) soll bei subverlegten Werken der Anteil, der auf die Urheber (Komponist, Original-Bearbeiter, Sub-Bearbeiter, Original-Textdichter, Sub-Textdichter, Übersetzer) entfällt, nicht unter 6/12 (50 %) der Gesamtanteile des subverlegten Werkes liegen.

Die Anteile, die auf den Original- und Subverlag zusammen entfallen, sollen nicht höher sein als 6/12 (50 %) der Gesamtanteile.

(Anhang zu den Ausführungsbestimmungen zum Verteilungsplan für das Aufführungs- und Senderecht. Regelung von Vertragsabschlüssen zwischen deutschen und ausländischen Verlegern. I. 1. 2.)

Sch

257 Schiedsgericht (GEMA)

Bei Streitigkeiten zwischen der GEMA und ihren Mitgliedern sowie Streitigkeiten zwischen GEMA-Mitgliedern untereinander entscheidet unter Ausschluß des Rechtsweges ein Schiedsgericht.
(Satzung der GEMA § 16 B. 1. a) bis 4.)

258 Schlichtungsausschuß (GEMA)

Streitende Parteien können beim Aufsichtsrat die Bildung eines Schlichtungsausschusses beantragen. Der Ausschuß zieht nach Bedarf Gutachter heran und kann einen Einigungsversuch machen. Zum Erlaß von Schiedssprüchen ist er nicht befugt. Kommt durch den Schlichtungsausschuß keine Einigkeit zustande, kann ein Schiedsgericht angerufen werden.
(Satzung der GEMA § 16 A.)

259 Schutzfristen anderer Staaten, Auswahl

Der Schutz eines Werkes besteht auch über den Tod des Urhebers hinaus. Die Schutzfrist ist in den Ländern verschieden lang.

Brasilien	60 Jahre
Bundesrepublik Deutschland	70 Jahre
Columbien	80 Jahre
Cuba	25 Jahre
DDR und die meisten anderen Staaten	50 Jahre
Frankreich	50 Jahre*
Italien	56 Jahre
Österreich	70 Jahre
Polen	25 Jahre
Spanien	80 Jahre
UdSSR	25 Jahre

* in Frankreich gilt zusätzlich folgendes:
+ I. Weltkrieg = 6 Jahre + 152 Tage
+ II. Weltkrieg = 8 Jahre + 122 Tage
(insgesamt 14 Jahre + 274 Tage)

St

260 Steuer – Hinweise

Betriebsausgaben sind Aufwendungen, die durch freiberufliche Tätigkeit entstanden sind.

I. Einzelfälle:

1. Nachweis der Beitragszahlung an Kraftfahrtvereinigung (ADAC), nur wenn Fahrzeug aus vorwiegend beruflichen Gründen gehalten wird.
2. Rechnungen, Quittungen aus einem Verkehrsunfall, sofern kein Schadensersatzanspruch besteht.
3. Quittungen der Beitragszahlungen an Versicherungen (Rechtsschutzversicherungen, Haftpflichtversicherungen, Krankenversicherungen, Kfz.-Versicherungen, Lebensversicherungen).
4. Rechnungen, Quittungen für Fachbücher, Notenmaterial und Fachzeitschriften.
5. Musikinstrumente, einschließlich Zubehör, Klavierstimmen, Erhaltungsaufwand und Versicherung.
6. Berufskleidung (Tätigkeit als Interpret oder Dirigent).
7. a) Musikzimmer bei eigens angemieteten Räumen mit allen notwendigen Aufwendungen absetzbar.

b) Ist das Musikzimmer Teil der Wohnung, so ist es anteilig absetzbar, wenn es vornehmlich beruflichen Zwecken dient.
8. Vervielfältigungen von Druckschriften.
9. Rechnungen, Quittungen für Umzugskosten.
10. Nachweis der arbeitstäglichen überwiegenden Abwesenheit von 5 Stunden und mehr von zu Hause.
11. Bescheinigung der Bank oder des Kreditinstitutes über Schuldzinsen (z. B. Kreditgebühren für Ratenkredit) sofern der Kredit beruflich veranlaßt ist.
12. Rechnungen, Belege für Reisen, die aus beruflichen Gründen entstanden sind (Kongreß, Studienreise, Besuche von Sendern oder Bühnen etc.)
13. Kosten der Rechts- und Steuerberatung, sowie Prozeßführung, soweit beruflich veranlaßt.
14. Guthaben bei der AWA (DDR) sind hier einkommensteuerfrei, da bereits dort 25 % Steuer und 22 % Verwaltungsgebühr abgezogen werden. → Nr. 29
15. Absetzbare Beträge aus Kontoauszügen der GEMA. → Nr. 2
16. Künstlersozialversicherung (KSK) – Beiträge. → Nr. 145-173
17. Umsatzsteuer bei mehr als 60.000,- DM und keine Option zur Mehrwertsteuer erfolgt ist. Vorsteuerabzug 3,2 %.
18. Unter bestimmten Voraussetzungen kann der Vorsteuerabzug auch pauschal vorgenommen werden, z. B. bei Komponisten 3,2 %.

II. Pauschbetrag
Bei hauptberuflicher Komponistentätigkeit können 30 % der Einnahmen aus dieser Tätigkeit, jedoch höchstens 4.800,- DM jährlich, als Betriebsausgaben geltend gemacht werden.

261 Strauss-Medaille

Die Richard-Strauss-Medaille wurde 1953 zur Erinnerung an den Gründer der ersten deutschen Urheberrechtsgesellschaft im Jahre 1903, Richard Strauss, gestiftet. In Würdigung der Verdienste um das Urheberrecht wurden bis 31.12.1988
       75 Persönlichkeiten
des In- und Auslandes mit dieser Medaille ausgezeichnet.

262 Streitigkeiten mehrerer Urheber keine Zahlungen von der GEMA

Bis zur Einigung der streitenden Parteien ist die GEMA berechtigt, alle Zahlungen zu verweigern.
(A Verteilungsplan für das Aufführungs- und Senderecht der GEMA § 5, 3.)

T

263 Tarifausschuß der GEMA

Die Tarife werden von der GEMA aufgestellt. Damit soll im Interesse aller Musikverwerter eine gleichmäßige Behandlung durch die GEMA sichergestellt werden.
Das Patentamt als Aufsichtsbehörde hat darauf zu achten, daß die GEMA ihren Verpflichtungen aus dem Urheber-Wahrnehmungsgesetz nachkommt.
(Gemäß UrhWG § 13 [1], § 19 [1])

264 Textdichter-Anteil auch ungesungen ist zu verrechnen

Der Textdichter-Anteil ist auch dann zu verrechnen, wenn das Musikstück, zu dem der Text gehört, ohne den Text aufgeführt wird. Jedoch werden nachträglich unterlegte Texte von Musikwerken nur verrechnet, wenn auch der Text aufgeführt wird, es sei denn, daß die Zugkraft des Musikstückes auf die nachträgliche Textierung zurückgeht. Ferner wird der Textdichter nicht beteiligt für die Aufführung von Musikstücken, die zwar auf textierten Musikstücken beruhen, aber eine selbständige musikalische Gestaltung haben; auch in diesen Fällen ist der Textdichter dann zu beteiligen, wenn die Zugkraft des Musikstückes auf den Text zurückgeht. Die Entscheidung, ob die Zugkraft auf die nachträgliche Textierung zurückgeht, ist im Streitfall durch den Werkausschuß zu treffen. In solchen Fällen entscheidet der Werkausschuß in der Besetzung von 2 Komponisten und 2 Textdichtern.
(Verteilungsplan der GEMA § 4, 8)

265 Textierung subverlegter Werke

Der Subtext wird für die Dauer der Schutzfrist anerkannt. Dem Subtexter wird von 100% 16 2/3% zugewiesen. Mit Einwilligung des Subtexters kann vom Subverleger im Einzelfalle ein

Spezialtext autorisiert werden. Liegt nur eine Umgestaltung vor, wird der Textdichteranteil geteilt; ist ein selbständiger Text entstanden, so wird nur der Texter des Spezialtextes beteiligt. Wird vom Verleger eine Aktualisierung des Textes verlangt und lehnt der Textdichter dies ab, so kann nach einer Frist von 3 Monaten der Verleger einen anderen Texter wählen. Ist dann ein selbständiger Text entstanden, so wird nur der neue Texter beteiligt. (B. Verteilungsplan der GEMA f. d. mechanische Vervielfältigungsrecht § 3, 4 a, b)

266 Tod eines GEMA-Mitgliedes

Die ordentliche oder außerordentliche Mitgliedschaft eines Komponisten oder Textdichters endet mit dem Tod.

→ Rechtsnachfolger-Nachweis Nr. 68

267 Tonfilm – Musikaufstellungen, zusätzliche Angaben

Abgesehen von den allgemeinen Bestimmungen für Anmeldungen und Registrierung der Werke unter Abschn. I gilt für die Anmeldung von Tonfilmen zusätzlich folgendes:

268 – Einreichung ordnungsgemäßer Musikaufstellungen

1. Da die Einnahmen aus dem Tonfilm aufgrund der Musikaufstellungen verteilt werden, haben die Bezugsberechtigten an Tonfilmen ordnungsgemäße Musikaufstellungen einzureichen. In diesen sind die jeweils im Film vorkommenden eigenen Kompositionen und die sonstigen musikalischen Werke, der szenischen Folge entsprechend, aufzuführen. Meldungen der an einem Film Beteiligten, insbesondere die Ansprüche der Bearbeiter, müssen vom Komponisten bestätigt werden.

269 – Beteiligung mehrerer Komponisten

2. Bei den durch Werke verschiedener Komponisten musikalisch unterlegten Filmen ist im Zweifelsfall die Aufstellung des verantwortlichen musikalischen Leiters der Produktionsfirma maßgebend. Die Anmeldung hat in Metern oder Sekunden der Laufzeit zu erfolgen (1 m = 2,2 Sek. Laufzeit). Die GEMA ist berechtigt, die Anmeldung bezüglich der gemachten Angaben zu überprüfen.

Tonfilm (Fortsetzung)

270 – Verrechnung bei unzulänglichen Angaben

3. a) Filme, bei denen die Laufzeiten der einzelnen Komponisten nicht bekannt sind, während die Gesamtlaufzeit festgestellt werden konnte, werden verrechnet, indem die Gesamtmusiklaufzeit auf die einzelnen Werke verteilt wird.

   b) Filme, bei denen die Laufzeiten der einzelnen Kompositionen nicht bekannt sind und deren Gesamtlaufzeit nicht festgestellt werden konnte, werden nach folgendem Schlüssel berechnet:

   Bei Verwendung von 1-30 Kompositionen im Film: 31 Sekunden pro Werk;

   bei Verwendung von 31-50 Kompositionen im Film: 24 Sekunden pro Werk;

   bei Verwendung von 51-100 Kompositionen im Film:
   12 Sekunden pro Werk;

   bei Verwendung von über 100 Kompositionen im Film:
   6 Sekunden pro Werk.

   Sind die Werke nur teilweise (partial) benutzt, so wird die Hälfte der Musiksekunden nach obigem Schlüssel zuerkannt. Sind die aufgrund dieses Schlüssels errechneten Musiklaufzeiten länger als zwei Drittel der Zensurlänge des Films, so sind sie verhältnismäßig zu kürzen.

271 – Keine Vorlage einer Musikaufstellung Kostenfällige Prüfung durch die GEMA-Verwaltung

4. Wird vom Bezugsberechtigten keine Musikaufstellung vorgelegt, so ist die GEMA berechtigt, den musikalischen Inhalt des Films zeitmäßig festzustellen. Die Kosten tragen die Bezugsberechtigten des Films nach Maßgabe der Beteiligung; sind von einem der Beteiligten unrichtige Angaben gemacht worden, so kann die Geschäftsleitung der GEMA ihm die vollen Kosten auferlegen. Die Kosten werden durch Belastung der Konten unter Aufgabe eingezogen.

(Ausführungsbestimmungen zum Verteilungsplan der GEMA für das Aufführungs- und Senderecht II. 1.-4.)

272 Tonsignete – Erkennungsmotive

Tonsignete werden nur insoweit verrechnet, als sie nach dem Urheberrechtsgesetz als schutzfähig anzusehen sind.
(A. Verteilungsplan der GEMA für das Aufführungs- und Senderecht § 7)

273 Tonträger

Das mechanische Recht bezieht sich auf Vervielfältigungsstücke, die der mechanischen Wiedergabe dienen; das graphische Recht überträgt der Urheber in der Regel einem Verleger, das mechanische Recht einer Verwertungsgesellschaft.

274 Transkriptionen, Variationen

Bei Transkriptionen oder Variationen geschützter Werke muß zur Veröffentlichung und Vertreibung die Zustimmung des Urhebers bzw. Rechtsnachfolgers eingeholt werden. (Lit. 2)

U

275 Übertragung des Urheberrechts

Das Urheberrecht kann in Erfüllung einer Verfügung von Todes wegen oder an Miterben im Wege der Erbauseinandersetzungen übertragen werden.
Im übrigen ist es nicht übertragbar. (UrhG § 29)

276 Umsätze bis zu DM 2,– pro Werk

3. Umsätze bis zu DM 2,– pro Werk werden mit den Lizenzeinnahmen in den Sparten PHO VR und BT VR ausgeschüttet. Ausgenommen hiervon sind die Rundfunktonträger und die für gewerbliche Zwecke hergestellten Tonträger.
(Ausführungsbestimmungen zum Verteilungsplan der GEMA für das mechanische Vervielfältigungsrecht III. 3.)

277 Unkostenbeitrag der GEMA

Jährlich 50,– DM für jedes Mitglied.

V

278 Vergütung für Nutzung beim Hörfunk und für Nutzung beim Fernsehrundfunk (ARD/ZDF)

1. Vergütung für die **nicht kommerzielle** Nutzung beim Hörrundfunk und beim Fernsehrundfunk (ARD)

   1979: DM 0,08 je Monat und je angemeldetes, nicht gebührenbefreites Hörfunkgerät

   DM 0,05 je Monat und je angemeldetes, nicht gebührenbefreites Fernsehgerät

   1980: DM 0,09 je Monat und je angemeldetes, nicht gebührenbefreites Hörfunkgerät

   DM 0,05 je Monat und je angemeldetes, nicht gebührenbefreites Fernsehgerät

   1981: DM 0,09 je Monat und je angemeldetes, nicht gebührenbefreites Hörfunkgerät

   DM 0,055 je Monat und je angemeldetes, nicht gebührenbefreites Fernsehgerät

   1982: DM 0,10 je Monat und je angemeldetes, nicht gebührenbefreites Hörfunkgerät

   DM 0,055 je Monat und je angemeldetes, nicht gebührenbefreites Fernsehgerät

279 Vergütung für Nutzung beim Hörfunk und für Nutzung beim Fernsehrundfunk (ARD/ZDF)

2. Vergütung für die **kommerzielle** Nutzung beim Hörrundfunk und beim Fernsehrundfunk:

   6,2 % der Bruttoeinnahmen aus Werbesendungen im **Hörrundfunk**

   4,8 % der Bruttoeinnahmen aus Werbesendungen im **Fernsehrundfunk**

280 Verlagsverlegung ins Ausland

Wenn Verleger ihren Sitz ins Ausland verlegen und einer ausländischen Verwertungsgesellschaft beitreten, so dürfen die Anteile ihrer Urheber und deren Rechtsnachfolger dadurch nicht geschmälert werden.
(B. Verteilungsplan der GEMA für das mechanische Vervielfältigungsrecht § 1 3.)

281 Verlust der ordentlichen Mitgliedschaft

Wenn ein Komponist oder Textdichter in drei aufeinanderfolgenden Jahren ein Durchschnittsaufkommen von weniger als DM 2.400,- jährlich oder in 6 aufeinanderfolgenden Jahren ein Durchschnittsaufkommen von weniger als DM 2.000,- jährlich bezogen hat, endet die ordentliche Mitgliedschaft.
(Nach einer zehnjährigen ordentlichen Mitgliedschaft entfällt jedoch diese Bestimmung!)
(Satzung der GEMA § 9 A 2 [1] a, b)

Verrechnung / Verteilung
282 – Anspruch auf Verrechnung von Aufführungen

Ein Anspruch auf Verrechnung besteht nur für Aufführungen, die nach dem Zeitpunkt stattfinden, an welchem die Werke vorschriftsmäßig angemeldet sind.
Die GEMA ist aber befugt, auch Aufführungen zu verrechnen, die innerhalb der laufenden Verrechnungsperiode vor dem Eingang der vorschriftsmäßigen Anmeldung stattgefunden haben.
(A. Verteilungsplan für das Aufführungs- und Senderecht § 5, 2.)

283 – Verteilung der Einnahmen nach festen Regeln

Die Verwertungsgesellschaft hat die Einnahmen aus ihrer Tätigkeit nach festen Regeln (Verteilungsplan) aufzuteilen, die ein willkürliches Vorgehen ausschließen.
(gemäß UrhWG § 7)

284 – Unterscheidung der einzelnen Sparten

1. Das Geschäftsjahr ist das Kalenderjahr. Die Höhe der in jedem Jahr an die Bezugsberechtigten insgesamt zu verteilenden Summe entspricht der Höhe der Gesamteinnahmen, die der GEMA aus dem In- und Ausland aus konzertmäßigen musikalischen Aufführungsrechten, Senderechten und Tonfilm-Aufführungsrechten nach Abzug der Gesamtkosten und der sonstigen im Verteilungsplan vorgesehenen Abzüge sowie nach Abzug der den Auslandsgesellschaften zustehenden Beträge verbleiben.

Verrechnung/Verteilung (Fortsetzung)

2. Entsprechend den verschiedenen Musikverwertungsgebieten sind folgende Sparten zu unterscheiden:

   Veranstaltungen ernster Musik (E)

   E-Musik-Direktverrechnung (ED)
   (Nettoeinzelverrechnung)

   Bühnenmusik (BM)

   Musik im Gottesdienst (KI)

   Funktionelle Musikwiedergabe im Gottesdienst (FKI)

   Veranstaltungen von Unterhaltungs- und Tanzmusik (U)

   U-Musik-Direktverrechnung (UD)
   (Nettoeinzelverrechnung)

   Varieté, Kabarett- und Zirkus-Veranstaltungen (VK)

   Tonrundfunk (R)

   Kabel-Tonrundfunk
   Ausland (KRA)

   Fernsehrundfunk (FS)

   Kabel-Fernsehrundfunk
   Ausland (KFSA)

   Tonfilm (T)

   Tonfilm im Fernsehen (T FS)
   Tonfilm-Direktverrechnung
   (Musik in Wirtschaftsfilmen, Tonbildschauen) (TD)

   Ausland (A)

   Aufführungen mittels mechanischer Vorrichtungen
   – ohne Fernsehen – ohne Bildtonträger – (M)

   Bildtonträger (BT)

   Funktionelle Musikwiedergabe (FM)

(Ausführungsbestimmungen zum Verteilungsplan für das Aufführungs- und Senderecht VIII. 1.-2.)

285 – Verteilung

1. In den Sparten R und FS werden die an die einzelnen Bezugsberechtigten zu verteilenden Beträge dergestalt errechnet, daß die Nettoverteilungssumme durch die Minutenzahl dividiert und so der Wert der einzelnen Minute errechnet wird.

   Der Anteil von 63 % wird für den Ton- und Fernsehrundfunk zu einem einheitlichen Minutenwert – jedoch zu

Verrechnung/Verteilung (Fortsetzung)

den geltenden unterschiedlichen Verteilungsschlüsseln – verrechnet. Hierbei erhalten die Sendungen im Tonrundfunk den Koeffizienten 1 und die Sendungen im Fernsehrundfunk die Koeffizienten, wie sie sich aus Abschn. XIV Ziff. 3 ergeben.

2. Die Verrechnung in der Sparte T erfolgt entsprechend Abschn. VIII Ziff. 3 c) auf Grund des in Abschn. XV festgelegten Verrechnungsschlüssels.

(Ausführungsbestimmungen zum Verteilungsplan für das Aufführungs- und Senderecht IX 1-5)

286 Art und Weise der Verrechnung

287 – Verrechnung nach Programmen

a) Die Einnahmen aus den Sparten E, ED, BM, KI, U, UD und VK werden ausschließlich nach Programmen verrechnet.

288 – Verrechnung Sparte VK

b) Die Einnahmen aus der Sparte VK werden zusammen mit den Einnahmen aus der Sparte U verrechnet, jedoch mit der Maßgabe, daß die in der Sparte VK festgestelten Aufführungszahlen mit 3 zu multiplizieren sind.

289 – Verrechnung der Sparten R, FS, T

c) Die Einnahmen aus den Sparten R, FS und T werden aufgrund der Programmverrechnung an die Bezugsberechtigten der GEMA sowie an die mit der GEMA im Vertragsverhältnis stehenden ausländischen Gesellschaften zur Auszahlung gebracht, jedoch wird aus der für die Sparte T zu Verteilung stehenden Summe ein dem Abschn. IV Ziff. 3 entsprechender festzustellender Gegenwert der Verteilungssumme der Sparte U bzw. VK überwiesen.

290 – Kur- und Bäderveranstaltungen

d) Soweit Programme aus Kur- und Bäderveranstaltungen in der Sparte U zu verrechnen sind, werden die festgestellten Aufführungszahlen mit 3 multipliziert.

Verrechnung/Verteilung (Fortsetzung)

Soweit Programme aus Einzelveranstaltungen (Ausnahme Abschn. XIII) in der Sparte U zu verrechnen sind, werden die festgestellten Aufführungszahlen mit 6, für Blasmusik im Rahmen von Gesamtverträgen mit 3 multipliziert).

291 – Aufführungen mittels mechanischer Vorrichtung, Wiedergabe dramatisch-musikalischer Werke

4. Für Aufführungen mittels mechanischer Vorrichtungen ist der aus den nachstehenden Bestimmungen ersichtliche Verteilungsschlüssel anzuwenden:

   a) Die Verteilungssumme, die für die Wiedergabe von Fernsehsendungen zur Verfügung steht, wird zusammen mit der Verteilungssumme aus den Fernsehsendungen und nach den gleichen Grundsätzen verteilt.

   b) Die Verteilungssumme, die aus allen anderen Aufführungen mittels mechanischer Vorrichtungen (außer FM und E) zur Verfügung steht, wird zu 40% in der Sparte R und zu 60% nach Maßgabe folgender Bestimmungen verrechnet:

   Für die in der Zeit des laufenden Jahres und der zwei vorhergegangenen Jahre (d.h. vom 1.7. des 1. Kalenderjahres bis 30.6. des 3. Kalenderjahres) in der Abrechnungsabteilung VR zur Abrechnung gekommenen Werke, die auf im Handel erhältlichen Industrieschallplatten und Industrietonbändern enthalten sind oder waren, werden von der Abrechnungsabteilung U jeweils für das Geschäftsjahr die Aufführungszahlen verrechnet, die in der Abrechnung U im Geschäftsjahr festgestellt worden sind.

   Bei Wiedergabe dramatisch-musikalischer Werke erfolgt die Verrechnung in der Weise, daß der Verleger des dramatisch-musikalischen Werkes aus der Sparte R die Anteile verrechnet erhält. Der Verleger ist zur Verteilung nach Maßgabe des Bühnenverlagsvertrages verpflichtet (bei Manuskriptwerken der Rechtsbefugte der Urheber).

Verrechnung/Verteilung (Fortsetzung)

292 – Einnahmen Sparte FM

c) Die Einnahmen aus der Sparte FM werden unter Zugrundelegung der Titel-Listen und der Anzahl der Bänder verrechnet.

293 – Sparte E

d) Die Einnahmen aus der Sparte E werden unter Zugrundelegung der Programme netto verrechnet.

294 – Auslandseinnahmen Sparten Kabelrundfunk/Kabelfernsehen (KFSA)

5. Die aus dem Ausland eingehenden Einnahmen aus den Sparten KRA und KFSA für die Kabelverbreitung deutscher Tonrundfunk- und Fernsehrundfunksendungen durch ausländische Kabelunternehmen werden zusammen mit den Verteilungssummen aus den Fernsehsendungen bzw. Tonrundfunksendungen nach den gleichen Grundsätzen verteilt. Soweit es sich hierbei um Vergütungen für die Kabelverbreitung von dramatisch-musikalischen Werken, sei es vollständig, als Querschnitt oder in größeren Teilen, handelt, erfolgt die Verrechnung zusammen mit den Erträgen aus der Zweitverwertung bei Manuskriptwerken an den Rechtsbefugten der Urheber, bei verlegten Werken an den Verleger, der verpflichtet ist, die Verteilung nach Maßgabe des Bühnenverlagsvertrages vorzunehmen.

(Ausführungsbestimmungen zum Verteilungsplan für das Aufführungs- und Senderecht VIII. 3.-5.)

295 – X. Verrechnungsschlüssel für ernste Werke in Verbindung mit Rundfunkbewertung

	Punktbewertung	
	E-Musik	Rundfunk*)

3. Instrumentalwerke (1-2 Instrumentalstimmen) sowie 1-4stimmige solistische Vokalwerke a cappella oder mit Begleitung von 1-2 Instrumenten sowie Chansons

unter	5 Minuten	36	1 1/4
ab	5 Minuten	96	

Verrechnung/Verteilung (Fortsetzung)

ab	10 Minuten	180	
ab	20 Minuten	360	1 3/4
ab	30 Minuten	480	
ab	45 Minuten	720	
ab	60 Minuten	960	

*) Zu Abschn. X.
Kommen Werke oder Werkfragmente in den Sparten R und FS als Pausen- und Vorlaufmusik, Einleitungs-, Zwischen- und Schlußmusik, Titel- und Erkennungsmusiken zu regelmäßig wiederkehrenden Sendungen, d.h. zu sich mindestens an 5 aufeinanderfolgenden Tagen oder wöchentlich einmal in 7 aufeinanderfolgenden Wochen wiederholenden Sendungen zur Verrechnung, so erhalten sie die Punktbewertung 1.

                                                                E-Musik   Rundfunk

4. Instrumentalwerke (3-9 Instrumentalstimmen) sowie solistische Vokalwerke mit mehr als vier realen Stimmen a cappella oder mit Begleitung von 3-6 obligaten Instrumenten

unter	5 Minuten	60	2
ab	5 Minuten	120	
ab	10 Minuten	240	
ab	20 Minuten	480	
ab	30 Minuten	720	
ab	45 Minuten	960	
ab	60 Minuten	1200	

7. Chorwerke a cappella (1-4stimmig) oder mit Begleitung von 1-2 Instrumenten

unter	5 Minuten	36	1 1/2
ab	5 Minuten	96	
ab	10 Minuten	180	
ab	20 Minuten	360	
ab	30 Minuten	720	
ab	45 Minuten	960	
ab	60 Minuten	1200	

8. Chorwerke mit Begleitung von 3-6 obligaten Instrumenten oder a cappella mit mehr als 4 realen Stimmen

unter	5 Minuten	96	1 3/4
ab	5 Minuten	120	
ab	10 Minuten	240	
ab	20 Minuten	480	
ab	30 Minuten	720	
ab	45 Minuten	960	
ab	60 Minuten	1200	

Verrechnung/Verteilung (Fortsetzung)

9. Werke für Streich- und Kammerorchester in beliebiger Besetzung sowie Vokal-, Chor- und Instrumentalwerke mit Streich- und Kammerorchesterbegleitung

unter	5 Minuten	120	2 1/4
ab	5 Minuten	240	
ab	10 Minuten	480	
ab	20 Minuten	960	
ab	30 Minuten	1200	
ab	45 Minuten	1680	
ab	60 Minuten	2160	

10. Werke für großes Orchester sowie Vokal-, Chor- und Instrumentalwerke mit großem Orchester

unter	5 Minuten	240	2 1/2
ab	5 Minuten	480	
ab	10 Minuten	960	
ab	20 Minuten	1200	
ab	30 Minuten	1680	
ab	45 Minuten	2160	
ab	60 Minuten	2400	

Als Werke für Kammerorchester bzw. kleine Orchester gelten diejenigen in 9. und 10. genannten Kompositionen, die in der Partiturbesetzung bis zu 18 selbständig geführte Stimmen aufweisen. Alle Werke in Partiturbesetzung ab 19 Stimmen zählen als Werke für große Orchester.
Jedes selbständig geführte Instrument = eine Stimme. Es gilt höchstens die Zahl der mitwirkenden Spieler.
(Ausführungsbestimmungen zum Verteilungsplan für das Aufführungs- und Senderecht X. 3.-10.)

XI. Verrechnungsschlüssel für Unterhaltungsmusikwerke in Verbindung mit Rundfunkbewertung

Punktbewertung
U-Musik Rundfunk

1. Tanz-, Pop-, Jazz- und Rockmusik mit oder ohne Text, Märsche, elektronisch erzeugte Unterhaltungsmusik. Chansons und urheberrechtlich geschützte

Verrechnung/Verteilung (Fortsetzung)

    Texte zu urheberrechtlich freien unbearbeiteten Werken der Musik, soweit diese nicht auf Antrag eines Berechtigten unter gleichzeitiger Vorlage eines Belegexemplares vom Werkausschuß in Abschn. X Ziff. 3 oder in Abschn. XI Ziff. 3a) eingestuft worden sind 12   1

2. Konzertstücke mit und ohne Text, Suitensätze (bei mehreren Sätzen insgesamt höchstens 60 Punkte), Konzertlieder sowie Musiknummern mit und ohne Text, die von Anfang an zu musikalischen Bühnen- oder Filmwerken gehörten, wenn sie in einer gesonderten Ausgabe im zuständigen Vertragsgebiet für großes Orchester erschienen sind und der Werkausschuß eine entsprechende Bewertung vorgenommen hat; Werke, die für ein oder mehrere Solo-Instrumente mit Orchesterbegleitung komponiert und in dieser Besetzung erschienen sind; Vokalmusik mit oder ohne Instrumente, soweit sie nicht unter Abschn. X einzustufen ist 24   1

3. Ouvertüren, Rhapsodien, Ballettmusiken, Konzertsätze bis zu 10 Minuten Spieldauer, große mehrteilige Walzer sowie Potpourris bis 5 Minuten Spieldauer (ausgenommen Potpourris gemischten Inhalts) 36   1

3 a) U-Chansons 36   1 1/4

4. Ouvertüren, Rhapsodien, Ballettmusiken, Konzertsätze über 10 Minuten Spieldauer, Fantasien aus Opern, Operetten und Fil-

Verrechnung/Verteilung (Fortsetzung)

men, Potpourris über 5 Minuten Spieldauer (ausgenommen Potpourris gemischten Inhalts)	48	1
5. Ouvertüren, Rhapsodien, Ballettmusiken, Fantasien aus Opern und Operetten, Potpourris (ausgenommen Potpourris gemischten Inhalts), Konzertsätze, Spieldauer über 15 Minuten)	60	1
6. Unterhaltungsmusikwerke von überdurchschnittlichem künstlerischem Wert, die vom Werkausschuß als solche anerkannt worden sind. Die Einstufung durch den Werkausschuß erfolgt auf Antrag, mit dem die Partitur und eine Erklärung des Komponisten vorzulegen sind, daß das Werk von ihm allein komponiert worden ist und die Partitur von ihm selbst stammt. Weitere Voraussetzung für die Einstufung ist; daß die Aufführung an die in der Partitur festgelegte Besetzung gebunden ist. Handelt es sich dabei um Suiten, so erhält der Einzelsatz den Punktwert 36 1 1/2, mehrere Sätze jedoch nicht über insgesamt 96 1 1/2	96	1 1/2
7. Auf Antrag und bei Vorlage entsprechender Unterlagen kann der Werkausschuß bei sinfonischen Werken mit oder ohne Text die Punktbewertung analog Abschn. X Ziff. 10 bis 2400 und im Rundfunk bis auf 2 1/2 festsetzen.		

(Ausführungsbestimmungen zum Verteilungsplan für das Aufführungs- und Senderecht XI. 1-7)

Zu Abschn. XI.
Aufführungen von Manuskriptwerken der Tanzmusik mit Punktbewertung 12 werden zu 100 % verrechnet.

Kommen Werke oder Werkfragmente in den Sparten R und FS als Pausen- und Vorlaufmusik, Einleitungs-, Zwischen- und Schlußmusik, Titel- und Erkennungsmusiken zu regelmäßig wiederkehrenden Sendungen, d.h. zu sich mindestens an 5 aufeinanderfolgenden Tagen oder wöchentlich einmal in 7 aufeinanderfolgenden Wochen wiederholenden Sendungen zur Verrechnung, so erhalten sie die Punktbewertung 1.

Verrechnung/Verteilung (Fortsetzung)

297 – XII. Verrechnung von Werken, die sich nicht in Abschnitt X, XI oder XIII einstufen lassen

(Z.B. elektronische Musik, überwiegend elektronisch erzeugte Musik, Musique concréte, Pop-, Jazz- und Rockmusik, soweit diese auf Antrag eines Bezugsberechtigten unter gleichzeitiger Vorlage eines Belegexemplars vom Werkausschuß in dieser Weise eingestuft worden ist)

	Aufführung	Sendung
bis zu 5 Minuten	36	1
über 5 Minuten bis zu 10 Minuten	96	1
über 10 Minuten bis zu 20 Minuten	180	1
über 20 Minuten bis zu 30 Minuten	360	1
über 30 Minuten bis zu 45 Minuten	720	1
über 45 Minuten bis zu 60 Minuten	960	1
über 60 Minuten	1200	1

Bei variabler Spieldauer wird bei der Aufführung die Mindestspieldauer für die Verteilung zugrunde gelegt.

Auf Antrag und bei Vorlage der entsprechenden Unterlagen kann der Werkausschuß die Punktbewertung im Rundfunk bis auf 1 1/2 festsetzen.

(Ausführungsbestimmungen zum Verteilungsplan für das Aufführungs- und Senderecht A XIII)

Verrechnung/Verteilung (Fortsetzung)

298 – XIII. Netto-Einzelverrechnung

	Aufführung	Sendung
Bühnenmusik (kleines Recht)		1
Musik im Gottesdienst		1
Musik in Wirtschaftsfilmen		1
Werke ganz oder überwiegend improvisatorischen Charakters	Netto-einzel-verrechnung	1
Werke in sogenannten Happenings, Hauskonzerten oder ähnlichen Veranstaltungen		1
Werke, die nur aus einer Spielanweisung bestehen		1

(Ausführungsbestimmungen zum Verteilungsplan für das Aufführungs- und Senderecht XIII)

299 Abrechnung von Aufführungen mittels mechanischer Vorrichtungen

Beispiel einer Einzel-Netto-Verrechnung nach Abschnitt VIII, Ziff. 4 d

GEMA-Tarif

1)	Vergütung für das Aufführungsrecht E	DM 40,-
2)	Vergütung für das Vervielfältigungsrecht VR	DM 20,-
3)	GVL (Leistungsschutzrechte)	DM 28,-
		DM 88,- + MwSt.
	abzüglich GVL	DM 28,-
		DM 60,-

Verrechnung/Verteilung (Fortsetzung)

Abrechnung

1) Aufführungsrecht – **Sparte ED**
   nach Abschnitt VIII Ziff. 4 d)

Inkasso	DM 40,00
abzüglich Unkosten (27 %)	DM 10,80
	DM 29,20
abzüglich 10 % f. soziale u. kult. Zwecke	DM 2,92
Verteilungssumme	DM 26,28

   Bei 4 Werken mit gleicher Spieldauer DM 6,57 pro Werk (die Verteilung an die am Werk Beteiligten erfolgt gemäß § 4 der Allgemeinen Grundsätze des Verteilungsplans für das Aufführungs- und Senderecht).

2) Vervielfältigungsrecht – **Sparte VR**

Inkasso	DM 20,–
abzüglich Unkosten (15 %)	DM 3,–
Verteilungssumme	DM 17,–

   Bei 4 Werken mit gleicher Spieldauer DM 4,25 pro Werk (die Verteilung an die am Werk Beteiligten erfolgt gemäß § 3 der Allgemeinen Grundsätze des Verteilungsplans für das mechanische Vervielfältigungsrecht). Darin ist auch der Verlegeranteil inbegriffen.

300 – Verrechnungsschlüssel der Punktbewertung (EDV) für Abschnitte X-XIII

Abschnitt X

	E-Musik Punkte	Schlüssel*	Rundfunk Punkte	Schlüssel*
3. Instrumentalwerke (1-2 Instrumentalstimmen) sowie 1-4stimmige solistische Vokalwerke a cappella oder mit Begleitung von 1-2 Instrumenten sowie Chansons			1 1/4	030
unter 5 Minuten	36	031		
ab 5 Minuten	96	032		

Verrechnung/Verteilung (Fortsetzung)

ab	10 Minuten	180	033		
ab	20 Minuten	360	034	1 3/4	034
ab	30 Minuten	480	035		
ab	45 Minuten	720	036		
ab	60 Minuten	960	037		

4. Instrumentalwerke
   (3-9 Instrumentalstimmen)
   sowie solistische Vokalwerke
   mit mehr als vier realen Stimmen
   a cappella oder mit Begleitung
   von 3-6 obligaten Instrumenten   2   040

unter	5 Minuten	60	041
ab	5 Minuten	120	042
ab	10 Minuten	240	043
ab	20 Minuten	480	044
ab	30 Minuten	720	045
ab	45 Minuten	960	046
ab	60 Minuten	1200	047

5. Entfällt*)

6. Ein- und mehrstimmige
   Vokalwerke mit Begleitung von
   3-6 obligaten Instrumenten   1 3/4   060

bis etwa 5 Minuten	96	061
über 5 bis etwa 10 Min.	120	062
über 10 bis etwa 20 Min.	240	063
über 20 bis etwa 30 Min.	480	064
über 30 bis etwa 45 Min.	720	065
über 45 bis etwa 60 Min.	960	066
über 60 Minuten	1200	067

7. Chorwerke a cappella
   (2-4stimmig) oder mit
   Begleitung von
   1-2 Instrumenten   1 1/2   070

bis etwa 5 Minuten	36	071
über 5 bis etwa 10 Min.	96	072
über 10 bis etwa 20 Min.	180	073
über 20 bis etwa 30 Min.	360	074
über 30 bis etwa 45 Min.	720	075
über 45 bis etwa 60 Min.	960	076
über 60 Minuten	1200	077

Verrechnung/Verteilung (Fortsetzung)

8. Chorwerke mit Begleitung
   von 3-6 obligaten Instrumenten
   oder mit mehr als
   4 realen Stimmen   1 3/4   080
bis etwa 5 Minuten	96	081
über 5 bis etwa 10 Min.	120	082
über 10 bis etwa 20 Min.	240	083
über 20 bis etwa 30 Min.	480	084
über 30 bis etwa 45 Min.	720	085
über 45 bis etwa 60 Min.	960	086
über 60 Minuten	1200	087

9. Werke für Streich- und
   Kammerorchester in
   beliebiger Besetzung
   sowie Vokal-, Chor- und
   Instrumentalwerke mit
   Streich- und Kammer-
   orchesterbegleitung   2 1/4   090
bis etwa 5 Minuten	120	091
über 5 bis etwa 10 Min.	240	092
über 10 bis etwa 20 Min.	480	093
über 20 bis etwa 30 Min.	960	094
über 30 bis etwa 45 Min.	1200	095
über 45 bis etwa 60 Min.	1680	096
über 60 Minuten	2160	097

10. Werke für großes Orchester
    sowie Vokal-, Chor- und
    Instrumentalwerke mit
    großem Orchester   2 1/2   100
bis etwa 5 Minuten	240	101
über 5 bis etwa 10 Min.	480	102
über 10 bis etwa 20 Min.	960	103
über 20 bis etwa 30 Min.	1200	104
über 30 bis etwa 45 Min.	1680	105
über 45 bis etwa 60 Min.	2160	106
über 60 Minuten	2400	107

    Erkennungsmusiken, Werke oder
    Werkfragmente   1   170

Verrechnung/Verteilung (Fortsetzung)

Abschnitt XI

		U-Musik Punkte	Schlüssel*	Rundfunk Punkte	Schlüssel*
1.	Nr. 296	12	001	1	001
2.	Nr. 296	24	002	1	002
3.	Nr. 296	36	003	1	002
4.	Nr. 296	48	004	1	002
5.	Nr. 296	60	005	1	002
6.	Nr. 296	96	006	1 1/2	006
7.				1 3/4	010
				2	011
				2 1/4	012
				2 1/2	013

Abschnitt XII

	E-Musik Punkte	Schlüssel*	Rundfunk Punkte	Schlüssel*
bis zu 5 Minuten	36	121	1	120
über 5 bis zu 10 Minuten	96	122	1	120
über 10 bis zu 20 Minuten	180	123	1	120
über 20 bis zu 30 Minuten	360	124	1	120
über 30 bis zu 45 Minuten	720	125	1	120
über 45 bis zu 60 Minuten	960	126	1	120
über 60 Minuten	1200	127	1	120
Werkausschußeinstufung Rundfunk			1 1/4	180
			1 1/2	110

Abschnitt XIII

	E-Musik Punkte	Schlüssel*	Rundfunk Punkte	Schlüssel*
Bühnenmusik (Kleines Recht)			1	150
Nettoeinzelverrechnung		161	1	160
Fernsehauftragskompositionen – Werkausschußeinstufung E			1	140

*) Anhand dieses EDV-Verrechnungsschlüssels kann festgestellt werden, wie die Werke eingestuft sind.

Verrechnung/Verteilung (Fortsetzung)

301 – Verteilung für Aufführungen mittels mechanischer Vorrichtungen

(Schallplatten, Rundfunk usw.)

(B. Verteilungsplan der GEMA für das mechanische Vervielfältigungsrecht § 3,5.) → Nr. 175, 290

302 – Verteilungsschlüssel für Fernsehsendungen

1. Die Verrechnungsschlüssel in Verbindung mit Rundfunkbewertung gemäß Abschn. X bis XII sind auch für die Fernsehsendungen anzuwenden.

   Dagegen werden die Filme, die unter § 1 i) Abs. (1) bis (4) des Berechtigungsvertrages fallen, nach Maßgabe der Bestimmungen in Abschn. XV verrechnet.

   Soweit es sich um die Wiedergabe von szenischen Darstellungen aus dramatisch-musikalischen Werken handelt, erfolgt die Verrechnung an den Bühnenverleger, der verpflichtet ist, die Verteilung nach Maßgabe des Bühnenverlagsvertrages vorzunehmen (bei Manuskriptwerken der Rechtsbefugte der Urheber).

2. Der Verteilungsschlüssel für die Fernsehsendungen ist folgender:

Am Werk Beteiligte:	Anteile:
A. Komponist	24/24
B. Komponist	16/24
Verleger	8/24
C. Komponist[20]	22/24 (20/24)
Bearbeiter[20]	2/24 (4/24)
D. Komponist	12/24
Textdichter	12/24
E. Komponist[20]	11/24 (10/24)
Textdichter[20]	11/24 (10/24)
Bearbeiter[20]	2/24 (4/24)
F. Komponist[20]	14/24 (12/24)
Bearbeiter[20]	2/24 (4/24)
Verleger	8/24
G. Komponist	9/24
Textdichter	7/24
Verleger	8/24

Verrechnung/Verteilung (Fortsetzung)

```
H. Komponist [20] .................   8/24 ( 7/24)
   Bearbeiter [20] .................   2/24 ( 4/24)
   Textdichter [20] ................   7/24 ( 6/24)
   Verleger ......................   7/24
```

20) Der Bearbeiter-Anteil beträgt bei Werken der Gruppe 12 = 2/24, bei Werken der Gruppen ab 24 = 4/24.

(Ausführungsbestimmungen für den Verteilungsplan für das Aufführungs- und Senderecht XIV. 1.-2.)

303 – Verrechnung von Fernsehsendungen an den Bühnenverleger

Bei Wiedergabe von szenischen Darstellungen aus dramatisch-musikalischen Werken erfolgt die Verrechnung an den Bühnenverleger, der die Verteilung nach Maßgabe des Bühnenverlagsvertrages vornimmt. (Vgl. Ausführungsbestimmungen zum Verteilungsplan der GEMA XIV, 1.)

304 – Tonsignete (Titel-Erkennungsmotiv)

Die Verrechnung erfolgt unter Anwendung folgender Koeffizienten:

Koeffizient 1
für Tonsignete; Pausen- und Vorlaufmusik; Einleitungs-, Zwischen- und Schlußmusik (als Titel- und Erkennungsmusik z.B. zu Programmvorschauen, Tages- oder Wochenberichten und Wetterberichten) zu regelmäßig wiederkehrenden Sendungen, d.h. zu sich mindestens an 5 aufeinanderfolgenden Tagen oder wöchentlich einmal in 7 aufeinanderfolgenden Wochen wiederholenden Sendungen;

Musik zum Testbild mit selbständigem Musikprogramm und Musik zu Test-, Versuchs- und Demonstrationssendungen;

Musik in Filmen gemäß Abschn. XIV Ziff. 1 Abs. 2 der Ausführungsbestimmungen zum Verteilungsplan A.

Koeffizient 3
für Musik, die nicht unter Koeffizient 1 fällt, und für Musik zu Werbespots.

4. Der Verteilungsschlüssel in Ziff. 2 ist zwischen den Parteien ohne Präjudiz für die Zukunft vereinbart worden.

(Ausführungsbestimmungen zum Verteilungsplan für das Aufführungs- und Senderecht XIV. 3. 4.)

Verrechnung/Verteilung (Fortsetzung)

305 – Verrechnungsschlüssel Tonfilm

Die für die Sparte Tonfilm zur Verteilung stehende Summe wird wie folgt verrechnet:

XV.

1. Aufgrund der Musikaufstellung wird durch Addition der Gesamt-Musiksekunden-Inhalt eines jeden Films festgestellt.
2. Die Aufführungszahl des Films wird mit seiner Gesamtsekundenzahl multipliziert.

    Die Aufführungszahl der Wochenschau wird mit 1/2 ihrer Gesamtsekundenzahl multipliziert.
3. Die so errechneten Musiksekundenziffern aller Filme werden addiert und die zur Verteilung stehende Summe durch die Gesamtsekundenzahl aller Filme dividiert und somit der Wert jeder einzelnen aufgeführten Musiksekunde festgestellt.
4. An Hand dieses Sekundenwertes erfolgt Feststellung desjenigen Betrages, der auf jeden einzelnen Film entfällt.

    Die Verteilung der für jeden einzelnen Film errechneten Summe an die einzelnen Bezugsberechtigten der verschiedenen Musiklängen erfolgt aufgrund der Musikaufstellungen nach folgendem Verrechnungsschlüssel:
5. Handelt es sich um unverlegte, nicht textierte und unbearbeitete Kompositionen, so erhält der Komponist 12/12.
6. Ist an solchen Kompositionen ein Bearbeiter beteiligt, so erhalten, sofern die Bearbeitung vom Komponisten als solche anerkannt ist,
    Komponist 10/12,
    Bearbeiter 2/12
7. Bei Vorhandensein von Komponist und Textdichter erhält der Textdichter 4/12 der von ihm textierten Längen sowie derjenigen Längen der Illustrationsmusiken, denen die von ihm textierten Lieder motivisch zugrunde liegen, also
    Komponist 8/12,
    Textdichter 4/12.
8. Bei Vorhandensein von Komponist, Textdichter und Bearbeiter erhalten (unter Berücksichtigung der in Ziff. 6 und 7 genannten Grundsätze)
    Komponist 6/12,
    Textdichter 4/12,
    Bearbeiter 2/12.

Verrechnung/Verteilung (Fortsetzung)

9. a) Bei solchen Filmen, deren einzelne Musiknummern und Liedertexte aufgrund des zwischen den Berufsorganisationen vereinbarten Normalverlagsvertrages von dem Komponisten bzw. den etwaigen sonstigen Urhebern einen Verlag zur verlagsmäßigen Verwertung übergeben wurden, erhält der Verleger eine Beteiligung von 4/12 von den Längen der Tonfilmmusik, die er veröffentlicht hat, wobei als veröffentlichte Längen auch die Wiederholungen und motivischen Verwendungen gelten.

   b) Bei solchen Filmen, deren gesamte Musik und Liedertexte aufgrund des zwischen den Berufsorganisationen vereinbarten Normalverlagsvertrages von den Komponisten bzw. den etwaigen sonstigen Urhebern einem Verlag zur verlagsmäßigen Verwertung übergeben wurden, erhält der Verleger eine Beteiligung von 4/12 von allen Längen, wenn er die mit den Autoren vertragsmäßig vereinbarten Teile der Filmmusik veröffentlicht hat.

10. Die Voraussetzung für die Beteiligung des Verlegers ist erfüllt, wenn er die in Ziff. 9 erwähnte Musik in einer für den Musikhandel bestimmten Form, und zwar in einer Ausgabe für Klavier bzw. für Klavier und Gesang oder in einer Ausgabe für Salonorchester bzw. Orchester oder Blasmusik veröffentlicht hat.

11. Bei Vorhandensein von Komponist, Bearbeiter und Verleger erfolgt die Teilung (unter Berücksichtigung der in Ziff. 6, 7, 9 und 10 genannten Grundsätze) wie folgt:
    Komponist 6/12,
    Bearbeiter 2/12,
    Verleger 4/12.

12. Bei Vorhandensein von Komponist, Textdichter und Verleger erfolgt die Teilung (unter Berücksichtigung der in Ziff. 6, 7, 9 und 10 genannten Grundsätze) wie folgt:
    Komponist 5/12,
    Textdichter 3/12,
    Verleger 4/12.

13. Ist außerdem ein Bearbeiter vorhanden, so erhalten (unter Berücksichtigung der in Ziff. 6, 7, 9 und 10 genannten Grundsätze)
    Komponist 4/12,
    Bearbeiter 2/12,
    Textdichter 3/12,
    Verleger 3/12.

Verrechnung/Verteilung (Fortsetzung)

! 14. Urheberrechtlich freie Werke, die bei Illustrations- bzw. Untermalungsmusik Verwendung finden, werden bei der Abrechnung nicht berücksichtigt.
15. Bei Bearbeitung urheberrechtlich freier Werke, die einer Neuschöpfung im Sinne des Urheberrechtsgesetzes entsprechen, erhält der Bearbeiter 4/12 der von ihm bearbeiteten Längen.
16. Ist im Falle der Ziff. 15 außer dem Bearbeiter ein Textdichter vorhanden, so erhält der Textdichter 3/12 der von ihm textierten, der Bearbeiter 3/12 der von ihm bearbeiteten Längen.
17. Ist im Falle der Ziff. 15 außer dem Bearbeiter ein Verleger vorhanden, jedoch kein Textdichter, so erhalten der Bearbeiter 3/12 der von ihm bearbeiteten Längen, der Verleger 3/12, wobei die Grundsätze unter Ziff. 9 und 10 Anwendung finden.
18. Sind im Falle der Ziff. 15 ein Verleger, ein Textdichter und ein Bearbeiter vorhanden, so erhalten der Textdichter 2/12 der von ihm textierten, der Bearbeiter 2/12 der von ihm bearbeiteten Längen; der Verleger erhält (unter Berücksichtigung der in Ziff. 9 und 10 genannten Grundsätze) 2/12.
19. Bei Neutextierungen bzw. Übersetzungen erhalten sowohl der Original-Textdichter als auch der Übersetzer bzw. der Dichter des neuen Textes je 1/2 des auf den ganzen Text entfallenden Anteils.
20. Sind mehrere Bezugsberechtigte derselben Gattung beteiligt, so findet eine Teilung der betreffenden Anteile statt.
21. Filme, deren Aufführungsziffern in der Verrechnungsperiode so gering sind, daß die für die Verrechnung aufzuwendenden Unkosten den zu verteilenden Betrag übersteigen, werden aus dem betreffenden Verrechnungsabschnitt herausgenommen und können auf den nächsten Verrechnungsabschnitt vorgetragen werden. Sind in dem kommenden Verrechnungsabschnitt keine weiteren Aufführungen dieses Films zu verzeichnen, so wird der Film von der Abrechnung abgesetzt.
22. Die in der Sparte FS auf die Filme entfallende Verteilungssumme wird nach Maßgabe der vorstehenden Bestimmungen unter Zugrundelegung des Gesamt-Musiksekunden-Inhalts des Films und der Anzahl der verrechnungsfähigen Sendungen verteilt.

Verrechnung/Verteilung (Fortsetzung)

23. Von der Tonfilm-Netto-Verteilungssumme werden 8 % für die Verwendung von mechanischer Musik in Tonfilmtheatern abgezweigt und nach den Ausführungsbestimmungen zum Verteilungsplan der GEMA für das Aufführungs- und Senderecht Abschn. VIII Ziff. 4 verteilt.

(Ausführungsbestimmungen z. Verteilungsplan der GEMA f. d. Aufführungs- und Senderecht XV. 1.-23.)

306 – Potpourris

1. a) Die Verrechnung von Potpourris, die aus verschiedenen geschützten Werken bestehen, an die Komponisten, Bearbeiter, Textdichter und Verleger dieser Werke erfolgt bei konzertmäßigen Aufführungen dadurch, daß 1/6 der Aufführungszahl des Potpourris der Zahl der Einzelaufführungen des betreffenden Werkes hinzugeschlagen wird.

    b) Bei Aufführungen solcher Potpourris im Rundfunk erfolgt die Verrechnung an die Komponisten, Bearbeiter, Textdichter und Verleger der verwendeten Werke dadurch, daß 1/12 der Aufführungsminuten des Potpourris der Minutenzahl der Einzelsendungen des betreffenden Werkes hinzugeschlagen wird.

    c) Ist das Potpourri weniger als sechsmal in konzertmäßigen Veranstaltungen aufgeführt oder beträgt die Gesamtdauer der Sendungen im Rundfunk weniger als 12 Minuten, so erfolgt keine Verrechnung der im Potpourri enthaltenen Stücke.

    d) Aufführungen von Potpourris aus verschiedenen geschützten Werken im Verwertungsgebiet E werden als Aufführungen im Verwertungsgebiet U verrechnet.

    e) Teile unter 8 Takten werden nicht berücksichtigt.

2. a) In den Sparten E, U, VK und FM werden Potpourris aus verschiedenen geschützten Werken an Bearbeiter und Verleger des Potpourris derart verrechnet, daß Bearbeiter und Verleger je 6 Punkte für jede Aufführung erhalten.

    b) In den Sparten R und FS werden Potpourris aus verschiedenen geschützten Werken an Bearbeiter und Verleger des Potpourris derart verrechnet, daß Bearbeiter und Verleger je 2/12 der für das Potpourri ermittelten Gesamtminutenzahl erhalten.

Verrechnung/Verteilung (Fortsetzung)

3. Potpourris, die für große Besetzung erschienen sind, werden mit der doppelten Aufführungszahl verrechnet.
4. Die Verrechnung der Potpourris und der in Potpourris enthaltenen Werke erfolgt jährlich einmal mit der nach Jahresabschluß fälligen Abrechnung.
5. Soweit Potpourris auch freie Werke enthalten, erfolgt zwar die Verrechnung nach den Grundsätzen von Ziff. 1 und 2, die freien Werke werden aber dann nicht berücksichtigt.

(Ausführungsbestimmungen zum Verteilungsplan der GEMA für das Aufführungs- und Senderecht VII 1.-5)

307 – Werbespots
Koeffizient 3
für Musik, die nicht unter Koeffizient 1 fällt, und für Musik zu Werbespots.
(Verteilungsschlüssel der GEMA für Fernsehsendungen XIV. 3. letzter Absatz)

308 Verteilungsplankommission, ihre Aufgaben
Der Verteilungsplankommission gehören Aufsichtsratsmitglieder aus den 3 Berufsgruppen an. Die Kommission kann sich mit Fragen des Verteilungsplanes, der Werkeinstufung, der Bewertungspunkte, der Abgrenzung von E- und U-Werken, der Wertungsverfahren usw. befassen.
(Geschäftsordnung der GEMA für den Aufsichtsrat § 8)

309 Vertonungsfreiheit
Seit 1.1.1966 gibt es keine Vertonungsfreiheit geschützter Gedichte. Dichter, ggf. Rechtsnachfolger oder Verleger, müssen zuerst die Erlaubnis erteilen.
Lt. UrhG 09.09.1965

310 VG-Musikedition
(Wahrnehmung von Nutzungsrechten an Editionen [Ausgaben]) von Musikwerken)
Heinrich-Schütz-Allee 28, 3500 Kassel-Wilhelmshöhe,
Tel. (05 61) 31 05 - 2 49
Büro: Gisela Zeismann, Triftstr. 55, Vellmar 1,
Tel. (05 61) 82 25 79

1967 gegründet als Interessenverband (IMVH) zur Wahrung der Rechte nach § 70/71 des UrhG, wurde der VG-Musikedition 1984 die Verwaltung des „Fotokopierpfennigs" aus dem Fotokopierabkommen der Kultusministerkonferenz übertragen. Die VG-Musikedition kümmert sich auch um die Wahrnehmung der Rechte nach § 46, Abs. 3 und 4 UrhG (Sammlungen für Kirchen-, Schul- oder Unterrichtsgebrauch).

Die Wahrnehmungsverträge zwischen den Verlagen und der VG-Musikedition schließen die direkten Ansprüche der Autoren aus. Es wird nur mit den Verlagen abgerechnet; die Verleger sind dann verpflichtet, die Ausschüttung anteilig an die betreffenden Autoren weiterzuleiten.

Selbstverlegern wird angeraten, Mitglied der VG-Musikedition zu werden.

311 Verwertungsgesellschaften

a) AWA (DDR) → Nr. 29
b) GVL – Gesellschaft zur Verwertung von Leistungsschutzrechten → Nr. 123 - 130
c) Verwertung „Musikedition" (IMHV) → Nr. 310
d) Verwertungsgesellschaft „WORT" (VG Wort) → Nr. 312-319

312 Verwertungsgesellschaft WORT (VG Wort)

Goethestraße 49, 8000 München 2, Telefon (0 89) 51 41 20

313 – Gründung

Gegründet 1958 von 346 Autoren und 75 Verlegern.
Daneben werden über 100.000 wahrnehmungsberechtigte Autoren und 3.500 wahrnehmungsberechtigte Verlage vertreten.

314 – Komponisten als Schriftsteller

Eine nicht geringe Zahl von Komponisten und Textdichtern ist auch schriftstellerisch tätig. Sie können als Wahrnehmungsberechtigte der Verwertungsgesellschaft „WORT" beitreten.

315 – Verteilungsplan

§ 2 des Verteilungsplanes (hier auszugsweise) bestimmt, daß
a. bei nichtverlegten Werken der Autor 100 %,
b. bei verlegten Werken der Autor 70 %, der Verleger 30 % erhält.

VG Wort (Fortsetzung)

316 – Anmeldung der Sendungen

§ 5 besagt, daß aufgrund der Anmeldung von Hörfunk- und Fernsehsendungen in Form der Meldekarten Ausschüttungen vorgenommen werden.

317 – Bewertung

§ 10, 1. **Bewertung der Werkekategorien mit Punktierung**
Kategorie 2 enthält
Dokumentation, Manuskripte für Unterhaltungssendungen, Conférencen, Einführungs- und Zwischentexte zu musikalischen Sendungen sowie Sachbücher.

318 – Einstufung der Hörfunk- und Fernsehsendungen

§ 10, 2. **Hörfunk- und Fernsehsendungen** erfahren nach Größe der Sender verschiedene Einstufungen.

319 – Bibliothekstantiemen

§ 18-22 **Verteilungsplan für die Sparte Bibliothekstantiemen**
Ausleihzahlen sind in 9 Kategorien erfaßt: 5 – 1.000 (Hierfür sind Anmeldungen nicht nötig).

Um Irrtümern vorzubeugen: VG WORT ist nur für **Texte ohne Musik** zuständig.

Geschäftsführendes Vorstandsmitglied: Dr. Ferdinand Melichar

320 Vorschußzahlungen der GEMA

Auf Antrag werden vierteljährlich Vorschußzahlungen von der GEMA geleistet, doch nur auf die Sparten Rundfunk, Fernsehen, U- und E-Musik und Alterssicherung. Hierfür werden keine Zinsbelastungen erhoben.
Keine Vorschußzahlungen gibt es auf mechanisches Recht (Schallplatte, VR in Rundfunk und Ausland).

321 Vorstand der GEMA

Der Vorstand vertritt den Verein gerichtlich und außergerichtlich. Er wird vom Aufsichtsrat bestellt und abberufen. Er hat dem Aufsichtsrat vierteljährlich einen Geschäftsbericht und außerdem spätestens einen Monat vor der ordentlichen Mitgliederversammlung einen Geschäftsbericht über das abgelaufene Geschäftsjahr sowie einen Voranschlag für das folgende Jahr vorzulegen.
(vgl. Satzung der GEMA § 14/15).

W

322 Werkanmeldung durch den Verleger

a) Bei einem verlegten Werk ist der Verleger verpflichtet, für die Urheber die Anmeldung vorzunehmen. Gegen Erstattung der Unkosten kann der Berechtigte davon eine Ablichtung erhalten.

b) Werkanmeldung, versäumte
Solange ein Werk gar nicht oder nicht vorschriftsmäßig angemeldet ist und die Registrierung infolgedessen noch nicht vollzogen werden konnte, haben die Bezugsberechtigten keinen Anspruch auf Verrechnung.
(Ausführungen zum Verteilungsplan der GEMA für das Aufführungs- und Senderecht I.9)

323 Werkausschuß – Geschäftsordnung

Die Mitgliederversammlung beschließt folgende Geschäftsordnung:

§ 1

Der Werkausschuß besteht aus vier Komponisten (mit vier Stellvertretern), zwei Textdichtern (mit zwei Stellvertretern) und einem Musikverleger (mit einem Stellvertreter). Die Textdichter nehmen jedoch nur an den Sitzungen teil, wenn Anträge nach Abschn. XI Ziff. 1 der Ausführungsbestimmungen zum Verteilungsplan für das Aufführungs- und Senderecht auf höhere Einstufung von textierten Werken beraten werden. Die Teilnahme des Musikverlegers beschränkt sich auf Fälle verlegter Werke.

Die Mitglieder des Werkausschusses dürfen nicht dem Aufsichtsrat angehören. Sie werden auf die Dauer von drei Jahren auf Vorschlag des Aufsichtsrats durch die Mitgliederversammlung nach den Grundsätzen gewählt, die für die Wahl der Aufsichtsratsmitglieder gelten.

Wiederwahl ist zulässig.

Die Ausschußmitglieder bleiben bis zum Ablauf der 3. auf die Wahl folgenden ordentlichen Mitgliederversammlung im Amt.

§ 6

Die Entscheidung des Werkausschusses kann von jedem betroffenen Mitglied und vom Vorstand die Entscheidung des Aufsichtsrats angerufen werden.

Die Entscheidung des Aufsichtsrats kann nur innerhalb einer Frist von acht Wochen angerufen werden. Die Frist beginnt für das betroffene Mitglied mit dem Zugang der Entscheidung, für den Vorstand vom Tage der Entscheidung an zu laufen.

Zugleich kann das Mitglied Anhörung im Werkausschuß verlangen. Zu dieser Anhörung kann das Mitglied als Beistand ein Mitglied seiner Kurie hinzuziehen. Der Werkausschuß ist berechtigt, dem Einspruch des Mitglieds ohne Vorlage an den Aufsichtsrat zu entsprechen. Ändert der Werkausschuß seine Entscheidung nicht, so legt er die Sache dem Aufsichtsrat mit Begründung vor.

(Geschäftsordnung für den Werkausschuß § 1, § 6)

324 Werkdokumentation I. in GEMA-Datenbank

(Betr. Anmeldebogen für Originalwerke)

Beispiel:

A	Hauptbearbeiter (bei freien Werken)
ANM	Anmelder
B	Bearbeiter
D	Spieldauer
F	Besetzung
GAT	Gattung
INH	Inhaltsangaben, Einzeltitel
K	Komponist
L	Gebiet
OP	Opuszahl
T	Textdichter
TIT	Werktitel
TS	Spezialtextdichter
TSIT	Titel der Spezialtextierung
TXT	Weitere Titel und Textanfänge
V	Verleger
VS	Beteiligung Industrie (T=60/40, A=50/50, keine Angabe 50/50 bei Erstanmeldung vor 01.01.1979)

325 Werkdokumentation II. in GEMA-Datenbank

(Betr. Anmeldebogen bei Subverlagswerken)

Beispiel:

TIT	Titel
D	Dauer
K	Komponist
T	Text
V	Verleger
TXT	weitere Titel- und Textanfänge
SGEB	Subgebiet
	D Deutschland
	A Ausland
	CH Schweiz
	I Italien
BTL	Beteiligungsform (F = Fabrikation, V = Verkäufe)
AS	Beteiligung Aufführungsrechte (Subteil)
STIT	Subtitel
ST	Subtextdichter
S	Sprache
SV	Subverleger
AB	Gültigkeitszeitraum (Beginn)
VSV	Vertragspartner
ZBS	Zahlbarkeitsstellung
SVV	Datum des Subverlagsvertrages
STXT	Weitere Titel der Subausgabe

326 – Bedeutung der verwendeten Abkürzungen (GEMA-Datenbank)

A	Hauptbearbeiter (bei freien Werken)
AB	Gültigkeitszeitraum (Beginn)
AS (im Subteil)	Beteiligung Aufführungsrechte (Bedeutung der Kennzahlen in Klammern)
B	Bearbeiter
BIS	Gültigkeitszeitraum (Ende)
BTL	Beteiligungsform (F = Fabrikation, V = Verkäufe)
D	Spieldauer

Abkürzungen GEMA-Datenbank (Fortsetzung)

F	Besetzung
F	(Fabrikation) s. BTL
GAT	Gattung
INH	Inhaltsangaben
K	Komponist
L	Gebiet
MAV	Mit automatischer Verlängerung
OP	Opuszahl
S	Sprache
SB	Subbearbeiter
SGEB	Subgebiet
SINH	Einzeltitel der Subausgabe
ST	Subtextdichter
STIT	Subtitel
STS	Subspezialtextdichter
STXT	Weitere Titel- und Textanfänge der Subausgabe
SV	Subverleger
SVV	Datum des Subverlagsvertrages
T	Originaltextdichter
TIT	Titel des Werkes
TS	Spezialtextdichter
TSTIT	Titel der Spezialtextierung
TXT	Weitere Titel und Textanfänge
V	Originalverleger
V	(Verkäufe) s. BTL
VS (im Originalteil)	Beteiligung Vervielfältigungsrechte (z.B. H = 100%, B = 50% Urheber, 50% Verleger)
VS (im Subteil)	Beteiligung Vervielfältigungsrechte (Bedeutung der Abkürzung in Klammern)
VSV	Vertragspartner des Subverlegers
ZBS	Zahlbarkeitsstellung

327 Wertung (Historisches)

Vorläufer der heutigen Wertung sind die von der sog. alten GEMA 1927 eingeführte „Schätzung" und die von der GDT (Genossenschaft Deutscher Tonsetzer) ab 1932 praktizierte „Aufwertung" sowie die „Wertung" der STAGMA.

Während die GDT ab 1927 die Verrechnung von Programmen durch eine „Einschätzung" der Genossen nach Berufsgruppen in „Klassen" ersetzte, wurden bei der GDT ab 1932 die Einnahmen aus Aufführungen zu 75% nach Programmen und zu 25% im Rahmen einer „Aufwertung" verteilt.

Von Kriegsende bis 1956 gab es für die Mitglieder eine sogenannte Schätzung.

328 Wertung – U-Musik

– Einführung –

Das Wertungsverfahren in der Unterhaltungs- und Tanzmusik wurde 1956 eingeführt.

329 Wertungsverfahren

– Beteiligungsverhältnis –

Sparte E:	Komponisten	57,5%
	Textdichter	3 %
	Verleger	39,5%
Sparte U:	Komponisten	42,5%
	Textdichter	20 %
	Verleger	37,5%

(Verteilungsplan der GEMA A § 1, Fußnote 5)

330 – Geschäftsordnung für das Wertungsverfahren der Komponisten in der Sparte E

§ 1

(1) Es wird ein Wertungsausschuß gebildet aus

5 Komponisten (davon 2 Chorkomponisten) und weiteren

4 Komponisten (davon 2 Chorkomponisten) als Stellvertreter.

Wählbar sind Mitglieder mit mindestens zehnjähriger Mitgliedschaft. Davon müssen fünf Jahre auf die ordentliche Mitgliedschaft entfallen. Aufsichtsratsmitglieder sind nicht wählbar.

Wertungsverfahren (Fortsetzung)

(2) Die Mitglieder des Wertungsausschusses werden auf die **Dauer von 4 Jahren** nach Anhörung der Vorschläge des Aufsichtsrates durch die Mitgliederversammlung nach den Grundsätzen gewählt, die für die Wahl von Aufsichtsratsmitgliedern gelten. Andere Wahlvorschläge können in den Berufsgruppenversammlungen erfolgen. Die Ausschußmitglieder bleiben bis zum Ablauf der vierten auf die Wahl folgenden ordentlichen Mitgliederversammlung im Amt. Wiederwahl ist zulässig.

(Geschäftsordnung für das Wertungsverfahren der Komponisten in der Sparte E § 1 [1], [2], [4])

331 – Geschäftsordnung für das Wertungsverfahren in der Unterhaltungs- und Tanzmusik

§ 1

(1) Es wird ein Wertungsausschuß aus
- 3 Komponisten
- 3 Textdichter
- 3 Verlegern und
- je 3 Stellvertretern

gebildet.

Wählbar sind Mitglieder mit mindestens zehnjähriger Mitgliedschaft. Davon müssen fünf Jahre auf die ordentliche Mitgliedschaft entfallen. Aufsichtsratsmitglieder sind nicht wählbar. Unter den drei Komponisten muß mindestens ein Komponist der gehobenen Unterhaltungsmusik sein.

(2) Die Mitglieder des Wertungsausschusses werden auf die **Dauer von vier Jahren** nach Anhörung der Vorschläge des Aufsichtsrates durch die Mitgliederversammlung nach den Grundsätzen gewählt, die für die Wahl von Aufsichtsratsmitgliedern gelten.

(Geschäftsordnung für das Wertungsverfahren in Unterhaltungs- und Tanzmusik, § 1 [1], [2], [3]).

332 – Geschäftsordnung für das Wertungsverfahren der Textdichter in der Sparte E

§ 1

3 Mitglieder des Wertungsausschusses mit 2 Stellvertretern sind mit den Mitgliedern des für den Wertungsausschuß für

Wertungsverfahren (Fortsetzung)

das Wertungsverfahren in der Unterhaltungs- und Tanzmusik gewählten Mitgliedern der Berufsgruppe Textdichter identisch.

§ 2

Die Bestimmungen der Geschäftsordnung für das Wertungsverfahren der Komponisten in der Sparte E mit Anhang gelten entsprechend.

(Geschäftsordnung für das Wertungsverfahren der Textdichter in der Sparte E § 1, § 2).

333 – Amtsdauer der Wertungsausschüsse

E-Komponisten . . . . 3 Jahre
U-Komponisten . . . . 3 Jahre
E-Textdichter . . . . 4 Jahre
E-Verleger . . . . 4 Jahre

(Jeweilige Geschäftsordnung der GEMA für das Wertungsverfahren § 1, [2])

334 – In welcher Berufsgruppe (Kurie) wird man gewertet?

Nur in der Kurie, für die das Mitglied votiert und in der es das höhere Aufkommen hat.

→ Nr. 45

335 – Wertungsverfahren Teilnahmeberechtigung

Alle lebenden Komponisten der GEMA, ordentliche, außerordentliche und angeschlossene Mitglieder, können nach Maßgabe folgender Bestimmungen am Wertungsverfahren beteiligt werden:

I. (1) Soweit in den für das Wertungsverfahren bestehenden Gruppen eine längere Mitgliedschaftsdauer verlangt wird, wird die Zugehörigkeit des Mitgliedes zu den früheren Verwertungsgesellschaften STAGMA, GEMA, GDT oder AKM angerechnet.

Die Zugehörigkeit zu einer anderen Verwertungsgesellschaft kann angerechnet werden.

(2) Die Mitgliedschaftsdauer wird vom 1. Januar des Jahres an berechnet, in dem das Mitglied die Mitgliedschaft erworben hat.

Wertungsverfahren (Fortsetzung)

(3) Soweit bei der Bewertung Auslandseinnahmen zugrunde zu legen sind, die sich unter den Berufsgruppen nicht aufteilen lassen, wird der Gesamtbetrag in der Berufsgruppe zugrunde gelegt, in der das Mitglied das höhere Aufkommen hat.

(Geschäftsordnung der GEMA für das Wertungsverfahren in der Sparte E § 3 I [1] - [3])

336 – Wertungsverfahren Teilnahmeberechtigung – U-Musik

Jeder Komponist, der ordentliches, außerordentliches oder angeschlossenes Mitglied der GEMA ist, kann nach **einem Jahr** in seiner Berufsgruppe an der Wertung teilnehmen, wenn er mindestens **10 Gesamtpunkte** erreicht. Mindestens 1/3 der Punkte müssen Aufkommenspunkte sein.

(→ Wertungsverfahren der GEMA in der U-Musik, Nr. 331)

(Geschäftsordnung für das Wertungsverfahren in der Unterhaltungs- und Tanzmusik, § 3 [1], [2])

337 – Wertungsverfahren E-Musik, Gruppeneinteilung

(1) Es bestehen bei der Wertung insgesamt 7 Gruppen mit folgenden Punktzahlen und Wertungszuschlägen:

Gruppe	Punktzahl	Wertungszuschlag in Wertungsmark[*]
I	120 Punkte und mehr	100 %
II	100 Punkte und mehr	90 %
III	80 Punkte und mehr	80 %
IV	60 Punkte und mehr	60 %
V	40 Punkte und mehr	40 %
VI	20 Punkte und mehr	20 %
VII	10 Punkte und mehr	10 %

(2) Mindestens ein Drittel der Punkte müssen Punkte zu (3) B) bis H) sein.

Zugrunde gelegt wird jeweils das Aufkommen des Mitglieds in dem Geschäftsjahr, das dem des Wertungsverfahrens vorausgeht, bei einem Dreijahresdurchschnitt das Aufkommen der drei Geschäftsjahre, die dem des Wertungsverfahrens vorausgehen.

Wertungsverfahren (Fortsetzung)

Kein Mitglied erhält aus den Mitteln des Wertungsverfahrens mehr als 5 % des zur Verfügung stehenden Gesamtbetrages.

*) Berechnet wird der Wertungszuschlag:
  a) von 100 % des Aufkommens in der Sparte E (Dreijahresdurchschnitt);
  b) vom Aufkommen in den Sparten Ki und FKi, soweit es 25 % des Durchschnittsaufkommens in der Sparte E nicht übersteigt;
  c) von 100 % des Aufkommens in den Sparten R und FS, soweit es nicht DM 500,- übersteigt, und 25 % des DM 500,- übersteigenden Aufkommens bis DM 10.000,- sowie 10 % des DM 10.000,- übersteigenden Aufkommens.

Der Wertungszuschlag stellt zunächst nur eine Verrechnungseinheit dar, aus der sich die später zu ermittelnde sog. Wertungsmark ergibt. Die Höhe der Wertungsmark wird errechnet aus dem Verhältnis der Verteilungssumme zu der im Rahmen des Wertungsverfahrens verfügbaren Summe.

(Geschäftsordnung für das Wertungsverfahren der Komponisten in der Sparte E, § 5 [1], [2])

338 – Wertungsverfahren E-Musik, Punktzahlerrechnung

(3) Die Punktzahl errechnet sich wie folgt:

A) Dauer der Mitgliedschaft
   Pro Jahr 1 Punkt

B) Aufkommen in der Sparte E
   1) Komponisten nach H) a), b) und c)
      Dreijahresdurchschnitt
      je DM 100,-   1 Punkt bis zu 30 Punkten
   2) Komponisten nach H) d)
      Dreijahresdurchschnitt
      je DM 250,-   1 Punkt bis zu 30 Punkten

C) Aufkommen in den Sparten Ki und FKi
   je DM 100,-   1 Punkt bis zu 20 Punkten

D) Aufkommen in den Sparten BM und ED
   je DM 200,-   1 Punkt bis zu 25 Punkten

E) Aufkommen in den Sparten R und FS
   je DM 300,-   1 Punkt bis zu 30 Punkten

Wertungsverfahren (Fortsetzung)

    F) Aufkommen in der Sparte T
       (einschließlich FS-Fremdproduktionen)
       je DM 500,-   1 Punkt bis zu 15 Punkten
    G) Auslandsaufkommen
       Unter Zugrundelegung des
       Dreijahresdurchschnitts
       je DM 200,-   1 Punkt bis zu 20 Punkten

(Geschäftsordnung der GEMA für das Wertungsverfahren in der Sparte E, § 5 [3])

339 – Wertungsverfahren U-Musik, Gruppeneinteilung

Es bestehen bei der Wertung insgesamt 6 Gruppen mit folgenden Punktzahlen und Wertungszuschlägen:

Gruppe	Punktzahl	Wertungszuschlag in Wertungsmark
		(berechnet vom Aufkommen aus dem Aufführungs- und Senderecht, und zwar 100%ig in den Sparten U,...[5] und VK, in den Sparten R und FS anteilig mit 50% bei den Komponisten, 54% bei den Textdichtern und 53% bei den Verlegern)
Gruppe I	100 Punkte und mehr	50%
Gruppe II	80 Punkte und mehr	40%
Gruppe III	60 Punkte und mehr	30%
Gruppe IV	40 Punkte und mehr	20%
Gruppe V	20 Punkte und mehr	10%
Gruppe VI	10 Punkte und mehr	5%

(Geschäftsordnung für das Wertungsverfahren in der Unterhaltungs- und Tanzmusik § 5, [1], [2])

Wertungsverfahren (Fortsetzung)

340 – Wertungsverfahren Künstlerische Bedeutung, Einteilung in Stufen, E-Musik

H) Bewertung der künstlerischen Persönlichkeit und des Gesamtschaffens

    a. Komponisten, deren Schaffen als umfassend bezeichnet werden kann.

Bei der Bewertung sind Werkgattungen nach Abschnitt X und XII (→ Nr. 295) der Ausführungsbestimmungen zum Verteilungsplan für das Aufführungs- und Senderecht maßgebend. Oper und Ballett werden zur Bewertung nur herangezogen, wenn diese Werkgattungen nach Umfang und Verbreitung im Schaffen des Komponisten eine den kleinen Rechten vergleichbare Geltung haben.

Stufe 1   80 Punkte

Komponisten, für die folgende Merkmale zutreffen: Ein im echten Sinne des Wortes umfassendes Gesamtschaffen, das vorliegt, wenn Aufführungen und Sendungen aus der Mehrzahl der Werkgattungen, besonders von Werken nach Ziff. 9 und 10 des Abschn. X (→ Nr. 295) nachgewiesen sind.

Stetige Aufführungen und Sendungen innerhalb eines Jahrzehnts von Werken verschiedener Gattungen, darunter Kompositionen nach Ziff. 9 und 10 des Abschn. X (→ Nr. 295). Voraussetzung ist das Vorhandensein von Standard- oder Repertoire-Werken.

Internationale Geltung durch Aufführungen ausländischer Institutionen oder Ensembles an einer Vielzahl von bedeutenden Musikstätten im Ausland.

Stufe 2   60 Punkte

Komponisten, für die folgende Merkmale zutreffen: Ein im echten Sinne des Wortes umfassendes Gesamtschaffen, das vorliegt, wenn Aufführungen und Sendungen aus der Mehrzahl der Werkgattungen, besonders von Werken nach Ziff. 9 und 10 des Abschn. X (→ Nr. 295) nachgewiesen sind.

Stetige Aufführungen und Sendungen im In- und Ausland innerhalb eines Jahrzehnts von Werken verschiedener Gattungen, darunter Kompositionen nach Ziff. 9 und 10 des Abschnitts X.

Wertungsverfahren (Fortsetzung)

    Stufe 3   40 Punkte
    Komponisten, für die folgende Merkmale zutreffen: Ein im echten Sinne des Wortes umfassendes Gesamtschaffen, das vorliegt, wenn Aufführungen und Sendungen aus der Mehrzahl der Werkgattungen, besonders von Werken nach Ziff. 9 und 10 des Abschn. X (→ Nr. 295) nachgewiesen sind.

b. Komponisten, auf die die Voraussetzungen der in Abschn. a. bezeichneten Merkmale nicht zutreffen   bis zu 40 Punkte

c. Komponisten, deren Schaffen überwiegend der Kirchenmusik gewidmet ist   bis zu 50 Punkte

d. Komponisten, deren Schaffen überwiegend Werke der Chormusik umfaßt   bis zu 40 Punkte

(Geschäftsordnung der GEMA für das Wertungsverfahren der Komponisten in der Sparte E, § 5, H, a, b, c, d)

341 – Wertungsverfahren U-Musik Punktzahlerrechnung

A) Dauer der Mitgliedschaft
Pro Jahr 1 Punkt, bei Verlagen beschränkt auf höchstens 50 Punkte.

B) Aufkommen in den Sparten U... und VK:

  aa) Komponisten   je DM 1000,- 1 Pkt. bis zu 30 Pkt.
      Für Unterhaltungsmusik Zuschläge   bis zu 10 Pkt.

  bb) Textdichter   je DM 1000,- 1 Pkt. bis zu 30 Pkt.
      Für Unterhaltungsmusik Zuschläge   bis zu 10 Pkt.

  cc) Verleger   je DM 1000,- 1 Pkt. bis zu 30 Pkt.
      Für Unterhaltungsmusik Zuschläge   bis zu 10 Pkt.

  dd) Unterhaltungsmusikwerke nach Abschn. XI Ziff. 6 und 7
      Komponisten und
      Textdichter   je DM 250,- 1 Pkt. bis zu 10 Pkt.
      Verleger   je DM 500,- 1 Pkt. bis zu 10 Pkt.

C) Aufkommen in den Sparten R und FS:

  aa) Komponisten   je DM 1200,- 1 Pkt. bis zu 25 Pkt.
  bb) Textdichter   je DM 1200,- 1 Pkt. bis zu 25 Pkt.
  cc) Verleger   je DM 1200,- 1 Pkt. bis zu 25 Pkt.

Wertungsverfahren (Fortsetzung)

      dd) Unterhaltungsmusikwerke nach Abschn. XI Ziff. 6 und 7

Komponisten und Textdichter	je DM 300,-	1 Pkt. bis zu 10 Pkt.
Verleger	je DM 600,-	1 Pkt. bis zu 10 Pkt.

D) Aufkommen in der Sparte T: (einschl. FS-Fremdproduktion):

    aa) Komponisten   je DM 500,- 1 Pkt. bis zu 15 Pkt.
    bb) Textdichter   je DM 500,- 1 Pkt. bis zu 15 Pkt.
    cc) Verleger   je DM 500,- 1 Pkt. bis zu 15 Pkt.

E) Aufkommen in den Sparten BM und UD[5]

    aa) Komponisten   je DM 500,- 1 Pkt. bis zu 15 Pkt.
    bb) Textdichter   je DM 500,- 1 Pkt. bis zu 15 Pkt.
    cc) Verleger   je DM 500,- 1 Pkt. bis zu 15 Pkt.

F) Standardwerke der Unterhaltungsmusik:

    aa) Komponisten   pro Werk 2 Pkt. bis zu 20 Pkt.
    bb) Textdichter   pro Werk 2 Pkt. bis zu 20 Pkt.
    cc) Verleger   pro Werk 2 Pkt. bis zu 30 Pkt.

G) Evergreens der Tanzmusik:

    aa) Komponisten   pro Evergreen 2 Pkt. bis zu 20 Pkt.
    bb) Textdichter   pro Evergreen 2 Pkt. bis zu 20 Pkt.
    cc) Verleger   pro Evergreen 2 Pkt. bis zu 30 Pkt.

H) Auslandsaufkommen:

Komponisten	für je DM 700,-	1 Pkt. bis zu 20 Pkt.
Textdichter	für je DM 350,-	1 Pkt. bis zu 20 Pkt.
Verleger	für je DM 1000,-	1 Pkt. bis zu 20 Pkt.

I) Bewertung des Gesamtschaffens und der Bedeutung als Urheber in den Berufsgruppen der Komponisten und der Textdichter; Bewertung des Gesamtschaffens in der Berufsgruppe der Musikverleger   bis zu 25 Punkten.

(Geschäftsordnung für das Wertungsverfahren in der Unterhaltungs- und Tanzmusik § 5 [3], A - J)

Wertungsverfahren (Fortsetzung)

342 – U-Musik – Beteiligung der Bearbeiter

(4) Für den Bearbeiter gehört zum Aufkommen in den Sparten R und FS auch der Betrag, der ihm gemäß § 3 (2) B) Abs. BB) und C) Abs. BB) der Geschäftsordnung für das Schätzungsverfahren der Bearbeiter zufließt.

(Geschäftsordnung für das Wertungsverfahren in der Unterhaltungs- und Tanzmusik § 5, [4])

343 – U-Musik, Künstlerische Bedeutung

Für die künstlerische Persönlichkeit und die Bewertung des Gesamtschaffens können bis zu 25 Punkte gegeben werden.
Kommentar:
Hier gibt es keine festgelegte Stufeneinteilung wie bei der E-Musik unter H. Es wäre wünschenswert und gerecht, wenn auch hier eine Stufeneinteilung eingeführt werden könnte.

(Geschäftsordnung der GEMA für das Wertungsverfahren in der Unterhaltungs- und Tanzmusik § 5 [3] I)

344 – Kultur- und Kompositionspreise

Diese können auf Antrag bei der Punktfestsetzung der Bewertung des Gesamtschaffens und der künstlerischen Persönlichkeit (zu H bei E-Musik und zu I bei U-Musik) berücksichtigt werden.

345 – Laufende Überprüfung der Gruppen

Die Gruppeneinteilung wird ständig überprüft und nach oben hin verändert, wenn sich die Aufkommenspunkte eines Mitglieds erhöht haben.
Es kann nützlich sein, einen begründeten Antrag auf Erhöhung der Punktzahl zu stellen.

346 – Verbleib in einer höheren Gruppe

Hat ein Mitglied eine bestimmte Gruppe erreicht, ist eine Herabsetzung in eine niedrigere Gruppe auch bei gefallenem Aufkommen **nicht mehr möglich.**
(Vgl. Geschäftsordnung der GEMA für das Wertungsverfahren: E-Musik § 5 [4], U-Musik, § 5 [8])

Wertungsverfahren (Fortsetzung)

347 – E-Musik, Limit

Kein Mitglied erhält aus den Mitteln des Wertungsverfahrens mehr als **5**% des zur Verfügung stehenden Gesamtbetrages.

(Geschäftsordnung der GEMA für das Wertungsverfahren der Komponisten in der Sparte E, § 5 [2])

348 – U-Musik, Limit

Kein Mitglied erhält aus den Mitteln des Wertungsverfahrens mehr als **10**% des in seiner Berufsgruppe zur Verfügung stehenden Gesamtbetrages.

(Geschäftsordnung der GEMA für das Wertungsverfahren in der U- und Tanzmusik § 5 [2])

349 – Beispiel einer Berechnung, E-Musik

E = E-Musik öffentliche Aufführungen
R = Rundfunkaufkommen

Heinz Salden, seit 1962 Mitglied der GEMA, hat 1982 folgendes Aufkommen:

DM 760,00   in Sparte E
            (je DM 100,- 1 Punkt) = 7 Punkte

DM 960,20   in Sparte R
            (je DM 300,- 1 Punkt) = 3 Punkte

Seine Wertung sieht so aus:

E: Durchschnitt der letzten 3 Jahre:
   1979: DM   682,-
   1980: DM 1.021,-
   1981: DM   760,-
   =   DM 2.463,- : 3   = DM   821,00
R: DM 500,00 zu 100%   = DM   500,00
   DM 460,20 zu 25%   = DM   115,50

R + E **Zwischensumme**   **DM 1.436,50**

Wertungszuschlag nach Gruppe IV (vgl. Nr. 338)
setzt sich zusammen aus:

20 Jahre Mitgliedschaft	20 Punkte
künstlerische Bedeutung	25 Punkte
R	3 Punkte
E	7 Punkte
	55 Punkte

Wertungsverfahren (Fortsetzung)

Wertungsmark DM 12,- (angenommener Wert, wird jedes Jahr neu errechnet)
Wertungsfaktor = 40 % von DM 12,- = DM 4,80 (vgl. Nr. 337)
Berechnung:
Wertungsfaktor x Zwischensumme
 DM 4,80 x DM 1.436,50
Auszuzahlende Wertungssumme: <u>DM 6.895,20</u>

350 – Beispiel einer Berechnung, U-Musik

Fritz Müller, Komponist, seit 1960 **ordentliches** Mitglied der GEMA, hat DM 1.910,- Aufkommen in den Sparten Unterhaltungs-Musik und Variete-Kabarett. (U und VK)
DM 690,- bei Rundfunk und Fernsehen /
DM 510,- in der Sparte Tonfilm /
1 Evergreen in der Tanzmusik /
DM 378,- Auslandsaufkommen.

Seine Wertung wird so aussehen:
(Die eingeklammerten Punkte sind Aufkommenspunkte)

A.	Dauer der Mitgliedschaft	19 Jahre	pro Jahr 1 Pkt.	19 Pkt.
B.	Aufkommen in den Sparten U und VK (DM 1.910,-, aufgerundet auf DM 2.000,-)	2.000,- DM	pro 1.000,- 1 Pkt.	(2) Pkt.
C.	Aufkommen im Rundfunk und Fernsehen	690,- DM	pro 1.200,- 1 Pkt.	0 Pkt.
D.	Aufkommen im Tonfilm	510,- DM	pro 500,- 1 Pkt.	(1) Pkt.
E.	Aufkommen in BM (öffentliche Aufführung v. Bühnenmusik)	-,- DM	pro 500,- 1 Pkt.	0 Pkt.
F.	Standardwerke der U-Musik	-,- DM	pro Werk 2 Pkt.	0 Pkt.
G.	Evergreens der Tanzmusik	1 Werk	pro Werk 2 Pkt.	(2) Pkt.

Wertungsverfahren (Fortsetzung)

H. Auslandsaufkommen	378,- DM	pro 1.000,-	0 Pkt. 1 Pkt.
I. Bewertung des Gesamtschaffens und der künstlerischen Persönlichkeit	-,- DM	bis zu 25 Pkt.	5 Pkt.

29 Pkt.

5 Punkte sind durch die Bemessung des Aufkommens zustande gekommen, die eingeklammert sind. 1/3 der Wertungspunkte müssen lt. Geschäftsordnung der GEMA aber Aufkommenspunkte sein. So erhält das Mitglied, trotz 19jähriger Zugehörigkeit zur GEMA, nur 15 Punkte anerkannt!

Fritz Müller gehört somit in die Wertungsgruppe VI (10 Punkte und mehr) (vgl. Nr. 339) und erhält einen Wertungszuschlag in Wertungsmark von 5%.

Hätte Fritz Müller 10 Aufkommenspunkte, bekäme er 29 Punkte und wäre dann in Gruppe V.

351 - Aufsichtsrat- und Vorstandsteilnahme

Ein Aufsichtsratsmitglied und der Vorstand können an den Sitzungen mit beratender Stimme teilnehmen.
(Jeweilige Geschäftsordnung § 2 [5]
§ 2 [4], [5]
§ 6 [3]
§ 2 [1, 2])

352 - Ausschluß vom Wertungsverfahren in der Unterhaltungs- und Tanzmusik

Mitglieder, die ihre Werke nur mit Hilfe anderer schreiben, also nicht über das berufsmäßige Können verfügen, können keine Wertung erhalten.
(Geschäftsordnung der GEMA für das Wertungsverfahren in der U- und Tanzmusik § 3 [3])

Wertungsverfahren (Fortsetzung)

353 – Beschwerdeweg

Innerhalb einer Frist von 8 Wochen nach Absendung der Wertungsmitteilung durch die GEMA kann gegen die Entscheidung des Wertungsausschusses beim Aufsichtsrat der GEMA Einspruch erhoben werden.
Auch der Rechtsweg ist möglich.

(Geschäftsordnungen: E-Musik § 8, 1, 2
U-Musik § 8, 1, 2
Textdichter-E § 7, 1, 2
Verleger E § 4, 1, 2)
→ Nr. 60

354 – Standardwerke der U-Musik, Wertung

Pro Werk werden 2 Punkte bis zu 20 Punkten vergeben.

(Geschäftsordnung der GEMA für das Wertungsverfahren in der Sparte U-Musik § 5, [3] F)

→ Standardwerke und Evergreens Nr. 88

355 – Evergreens der Tanzmusik, Wertung

Pro Evergreen der Tanzmusik werden in der Wertung 2 Punkte bis zu 20 Punkten vergeben.

(Geschäftsordnung der GEMA für das Wertungsverfahren in der Unterhaltungs- und Tanzmusik § 5, 3 [3] G)
→ Nr. 88

356 – Ausgleichsfonds in allen Sparten

Bis zu 5 % der zur Verfügung gestellten Wertungssumme können einem Ausgleichsfonds zugeführt werden.

Dieser Fonds hat zum einen den Zweck, an Mitglieder, deren Schaffen künstlerisch erfolgreich war oder kulturell besonders förderungswürdig ist, in Härtefällen Zuwendungen zu machen. Zum anderen sollen daraus die unmittelbaren Abkömmlinge derjenigen Komponisten, die als politisch oder rassisch Verfolgte Deutschland vor 1945 verlassen mußten, Zuwendungen erhalten.

(Geschäftsordnung der GEMA für das Wertungsverfahren in der Sparte E, § 4 [1] und [2])

Wertungsverfahren (Fortsetzung)

Die Berufsgruppen der Komponisten, Textdichter und Musikverleger können bis zu 10 % der auf ihre Berufsgruppe entfallenden Beträge einem Ausgleichsfonds zuführen.

Der Ausgleichsfonds hat den Zweck, an solche Mitglieder, deren Schaffen künstlerisch erfolgreich oder kulturell besonders förderungswürdig ist, in Härtefällen nach den Grundsätzen des § 3 Zuwendungen zu machen.

(Geschäftsordnung der GEMA in der Sparte U § 4, [1] und [2])

Von dem Betrag, der für die Wertung der E-Textdichter von der Verwaltung der GEMA zur Verfügung gestellt wird, werden zuerst 10% für einen Ausgleichsfonds für Härtefälle bereitgestellt.

Aus dem Ausgleichsfonds können außer E-Textdichtern auch solche Textdichter der Sparte U berücksichtigt werden, die nach der Geschäftsordnung für das Wertungsverfahren in der U- und Tanzmusik keinen Anspruch auf Beteiligung an diesem Wertungsverfahren haben, die sich aber in einer nachgewiesenen Notlage befinden.

(Geschäftsordnung der GEMA Textdichter-E, § 3, [1], [2] und [3])

Bis zu 4 % des zur Verfügung stehenden Betrages der Wertung Verleger werden einem Ausgleichsfonds für Härtefälle zugeführt.

36 % des zur Verfügung stehenden Betrages werden anteilmäßig dem Aufkommen aus den Senderechten in den Sparten R und FS zugeschlagen. Der verbleibende Restbetrag wird anteilmäßig dem Aufkommen aus dem Konzertaufkommen der Sparte E zugeschlagen.

(Geschäftsordnung der GEMA Verleger E, § 3 [1], [2] und [3])

357 – Bei Mißbrauch keine Beteiligung am Wertungsverfahren

§ 3

Wer gegen die Mißbrauchsvorschriften in Abschn. III Ziff. 3 und Abschn. IV Ziff. 4 der Ausführungsbestimmungen zum Verteilungsplan für das Aufführungs- und Senderecht verstößt, verwirkt seine Beteiligung am Wertungsverfahren für das Jahr, in dem der Verstoß begangen wurde. Bei solchen Verstößen entscheidet der Wertungsausschuß, ob es geboten ist, die Einstufung für das Wertungsverfahren zu ändern.

(Geschäftsordnung für das Wertungsverfahren der Komponisten in der Sparte E, § 3 II. [5] – in der Sparte U § 3 [7])

Wertungsverfahren (Fortsetzung)

358 – Mechanisches Vervielfältigungsrecht – keine Beteiligung

Z.B. Schallplatten, Tonbänder, Tonband-, Video- und Filmkassetten, Rundfunk VR etc.
Keine Teilnahmeberechtigung am Wertungsverfahren, gemäß der Geschäftsordnung der GEMA für Wertungsverfahren E- und U-Musik § 5 → Nr. 176

359 – Höhe der Wertungsmark

Die Höhe der Wertungsmark betrug:

	1984	1985	1986	1987
E-Komponisten	DM 8,7913	DM 7,6791	DM 9,7754	DM 8,7926
U-Komponisten	DM 2,9545	DM 2,5685	DM 2,7583	DM 2,4721
U-Textdichter	DM 3,556	DM 3,2168	DM 3,6178	DM 3,0910
E-Textdichter	–	–	DM 14,8055	DM 11,6826

360 Wirtschaftsausschuß

Der Wirtschaftsausschuß hat die Aufgabe, die Wirtschaftlichkeit der GEMA zu prüfen, hierüber dem Aufsichtsrat zu berichten und ggf. Änderungsvorschläge zu machen.
(Geschäftsordnung der GEMA für den Wirtschaftsausschuß § 1)

361 Wissentlich falsche Angaben

Falls ein Bezugsberechtigter bei seiner Werkanmeldung wissentlich falsche Angaben macht oder aufrechterhält, so kann der Vorstand bzw. Aufsichtsrat der GEMA im Sinne der Satzung § 9 A Ziff. 4 bzw. nach den Ausführungsbestimmungen zum Verteilungsplan der GEMA für das Aufführungs- und Senderecht Abschn. III Ziff. 3 Abs. 2 gegen den Bezugsberechtigten vorgehen.
(Ausführungsbestimmungen zum Verteilungsplan der GEMA für das Aufführungs- und Senderecht I. 2.)

Z

362 Zahlungstermine der GEMA

Beispiel:

1. Januar 1989
- a. PHO VR (Vervielfältigungsrecht an Tonträgern)
- b. BT VR (Vervielfältigungsrecht an Bildtonträgern)

Alterssicherung
Restausschüttung

1. April 1989
- a. U (Veranstaltungen von Unterhaltungs- und Tanzmusik)
  - VK (Variete-, Kabarett- und Zirkusveranstaltungen)
  - UD (U-Musikdirektverrechnung)
  - Verteilungsplan XIII
- b. M (Öffentliche Wiedergabe von Unterhaltungsmusik mittels mechanischer Vorrichtung)
- c. FM (Funktionelle Musikwiedergabe)
- d. PHO VR (Vervielfältigungsrecht an Tonträgern)

1. Mai 1989
- a. E (Sparte E-Musik)
- b. ED (E-Musik-Direktverrechnung Verteilungsplan XIII)
- c. BM (Bühnenmusik, Verteilungsplan XIII)
- d. KI (Musik im Gottesdienst)
- e. FKI (Funktionelle Musikwiedergabe im Gottesdienst)

1. Juli 1989
- a. PHO VR (Vervielfältigungsrecht an Tonträgern)
- b. R, R VR (Tonrundfunk-Vervielfältigungsrecht im Tonrundfunk)
- c. FS (Fernsehrundfunk)
- d. FS VR (Fernsehen-Vervielfältigungsrecht)
  - T (Tonfilm)
  - TD (Tonfilm-Direktverrechnung XIII)

1. Oktober 1989
- a. T FS (Tonfilm im Fernsehen)
- b. RGRV (Wiedergabe von Sendungen dramatisch-musikalischer Werke – G.R.) mittels Lautsprecher, wie z.B. in Gaststätten.
- c. FS GR (Fernsehen – Großes Recht)
- d. Wertungsverfahren U-Musik
- e. Schätzungsverfahren (Musikbearbeiter)
- f. PHO VR (Vervielfältigungsrecht an Tonträgern)
  – Überhang 2. Halbjahr 1988 –

1. November 1989
Wertungsverfahren E-Musik

363 Zessionare

Berechtigte der GEMA (Autoren, Verleger, Rechtsnachfolger, Erbberechtigte), die nicht selbst Mitglied der GEMA sind, können ihre Rechte zur Wahrung einem Vertreter übergeben, der von der GEMA als „Zessionar" anerkannt wird und Tantiemen erhält.

364 Zitate

Zulässig ist die Vervielfältigung, Verbreitung und öffentliche Wiedergabe, wenn in einem durch den Zweck gebotenen Umfang einzelne Stellen eines erschienenen Werkes der Musik in einem selbständigen Werk der Musik angeführt werden.
(UrhG § 51, 3)

ANHANG

365 Literaturverzeichnis

1. a) Gesetz über Urheberrecht und verwandte Schutzrechte (Urheberrechtsgesetz, UrhG) vom 9. September 1965, gültig ab 1.1.1966)
   b) Gesetz über die Wahrnehmung von Urheberrechten und verwandten Schutzrechten (UrhWG) 9. September 1965, gültig ab 1.1.1966.
   c) GEMA: Berechtigungsvertrag, Satzung, Verteilungsplan etc.
2. Erich Schulze, Urheberrecht in der Musik, 5. Auflage 1981, Berlin, New York.

366 Anschriften: Rundfunk- und Fernsehanstalten

a) **Bayerischer Rundfunk (BR)**
Rundfunkplatz 1
8000 München 2   Tel. 089/590 0-1

Studio Nürnberg
Wallensteinstr. 117
Nürnberg 80   Tel. 0911/655 0-1

b) **Deutschlandfunk (DF)**
   Raderberggürtel 40
   5000 Köln 51   Tel. 0221/34 51

c) **Hessischer Rundfunk (HR)**
   Bertramstr. 8
   6000 Frankfurt 1   Tel. 0611/15 5-1

d) **Norddeutscher Rundfunk (NDR)**
   Rothenbaumchaussee 132-134
   2000 Hamburg 13   Tel. 040/413-1

   Funkhaus Hannover (Niedersachsen)
   Rudolf-von-Bennigsen-Ufer 22
   3000 Hannover   Tel. 0511/88 62-1

   Funkhaus Kiel (Schleswig-Holstein)
   Wall 74
   2300 Kiel 1   Tel. 0431/98 70

e) **Radio Bremen (RB)**
   Heinrich-Hertz-Str. 13
   2800 Bremen 33   Tel. 0421/24 60

f) **RIAS**
   Kufsteiner Str. 69
   1000 Berlin 62   Tel. 030/850 3-1

g) **Saarländischer Rundfunk (SR)**
   Funkhaus Halberg
   6600 Saarbrücken   Tel. 0681/60 20

h) **Sender Freies Berlin (SFB)**
   Masurenallee 8-14
   1000 Berlin 19   Tel. 030/30 8-1

i) **Süddeutscher Rundfunk (SDR)**
   Neckarstr. 230
   7000 Stuttgart 1   Tel. 0711/28 8-1

j) **Südwestfunk (SWF)**
   Hans-Bredow-Str.
   7570 Baden-Baden   Tel. 07221/27 6-1

k) **Westdeutscher Rundfunk (WDR)**
   Appellhofplatz 1
   5000 Köln 1   Tel. 0221/22 0-1

l) **Deutsche Welle (DW)**
Raderberggürtel 50
5000 Köln 1 Tel. 0221/38 90

m) **Zweites Deutsches Fernsehen (ZDF)**
Essenheimer Landstraße
6500 Mainz-Lerchenberg 1 Tel. 06131/70-1

Private Radio-Stationen (Auswahl)

Freiburg
Schwarzwald Radio
Kaiser-Joseph-Str. 274-276
7800 Freiburg Tel. 0761/28 29 90

Karlsruhe
Radio Badenia
Waldstr. 63
7500 Karlsruhe Tel. 0721/260 62

Mannheim
Radio Regenbogen
Dudenstr. 12-26
6800 Mannheim 1 Tel. 0621/333 08 30

Reutlingen
Radio Neufunkland
Silberburgstr. 50
7410 Reutlingen Tel. 07121/430 02

Stuttgart
Stadt-Radio
Königstr. 82
7000 Stuttgart 1 Tel. 0711/16 33 55 50

Hamburg
OK-Radio
Spaldingstr. 218
2000 Hamburg 1 Tel. 040/23 73 30

Radio Hamburg
Speersort 10
2000 Hamburg 1 Tel. 040/339 71 40

Landesweite Privatradios

Antenne Bayern
Münchnerstr. 20
8043 Unterföhring Tel. 089/95 99 90

Radio ffn
Dorfstr. 2
3004 Isernhagen Tel. 05139/80 80 10

Radio Schleswig-Holstein
Funkhaus Wittland
2300 Kiel 1 Tel. 0431/587 00

Pro Radio 4
Turmstr. 8
6700 Ludwigshafen Tel. 0621/52 52 52

Radio Gong 2000
Nordendstr. 64
8000 München 40 Tel. 089/27 27 00

Radio Gong
Innere Cramer-Klett-Str. 6
8500 Nürnberg 1 Tel. 0911/532 50

Private Fernsehstationen

1. **RTL plus,** Deutschland Fernsehen, Aachener Straße 1036, 5000 Köln 40, Tel. 0221/489 59
2. **SAT 1,** Satelliten-Fernsehen, Hegelstr. 61, 6500 Mainz 1, Tel. 06131/38 00
3. **TELE 5,** Schellingstr. 44, 8000 München 40, Tel. 089/27 27 70
4. **PRO 7,** Schleißheimerstr. 141, 8000 München 40, Tel. 089/30 63 90

367 Anschriften: Verbände

Deutscher Textdichterverband e.V.
Dohlenweg 5
5220 Frechen/Königsdorf Tel. 02234/637 60

Deutscher Rockmusikerverband e.V. (DRMV)
Kolbergstr. 30
2120 Lüneburg Tel. 04131/381 82
und 315 17

Dramatiker-Union e.V. (DU)
Bismarckstr. 17
1000 Berlin 12 Tel. 030/341 60 30

Deutscher Musikrat Tel. 0228/36 40 85
Konzert des Deutschen Musikrates Tel. 0228/36 40 88/89
Am Michaelshof 4
5300 Bonn 2

Deutscher Musikverlegerverband e.V. (DMV)
Friedrich-Wilhelm-Straße 31
5300 Bonn 1 Tel. 0228/23 85 65

Gesellschaft für Neue Musik e.V. (GNM)
Berger Straße 25
5810 Witten Tel. 02302/570 85

IDK Interessenverband Deutscher Komponisten
Willinghusener Landstraße 70
2000 Barsbüttel Tel. 040/670 01 69
und Tel. 670 16 13

Union Deutscher Jazzmusiker (UDJ)
Am Michaelshof 4 a, c/o Deutscher Musikrat
5300 Bonn 2 Tel. 0228/36 40 85

Vereinigung Deutscher Musikbearbeiter
Kiesstr. 44 a
1000 Berlin 45 Tel. 030/77 26 241

368 Behörde

Deutsches Patentamt
Zweibrückenstraße 12
8000 München 2 Tel. 089/21 59-1

369 Anschriften: Verwertungsgesellschaften
GEMA
a) Bayreuther Straße 37-38
   1000 Berlin 30 Tel. 030/21 04-1
b) Rosenheimer Straße 11
   8000 München 33 Tel. 089/62 14 00

**GVL Gesellschaft zur Verwertung von
Leistungsschutzrechten**
Heimhuder Straße 5
2000 Hamburg 13 Tel. 040/410 60 31

VG WORT Verwertungsgesellschaft Wort
Goethestraße 49
8000 München 2　　　　　　　Tel. 089/51 41 20

Verwertungsgesellschaft Musikedition
Heinrich-Schütz-Allee 28
3500 Kassel　　　　　　　Tel. 0561/300 11

Sachwortregister mit Stichwortnummern

A

Abkürzungen, allgemeine – Nr. 1

Abkürzungen GEMA-Kontoauszug – Nr. 142

Abkürzungen, Werkanmeldungen – Nr. 324
(GEMA-Datenbank)

Abkürzungen, Werkanmeldungen für Subverleger – Nr. 325

Ableben eines GEMA-Mitgliedes – Nr. 68, 266

Ablehnung der Wahl eines Aufsichtsratsmitgliedes durch eine andere Berufsgruppe – Nr. 20

Ablehnung eines Antrages, wenn eine Berufsgruppe mit Nein stimmt – Nr. 203

Abrechnung, spezifizierte – Nr. 62, 63

Abrechnungsziffern, Ermittlung – Nr. 74

Absetzbare Beträge aus den Kontoauszügen der GEMA bei der Einkommensteuer – Nr. 2

Abstimmung über die Anträge bei der Mitgliederversammlung – Nr. 203

Adressen der ausländischen Verwertungsgesellschaften (Auswahl) – Nr. 27

Adressen der GEMA in Berlin und München – Nr. 95/96

Änderung der Satzungen – Nr. 204

Aleatorik – Nr. 3

Alphabetische Abkürzungen – Nr. 1

Alterssicherung – Nr. 4 bis 10

    Aufkommenspunkte E und U gemeinsam – Nr. 8

    Beispiele der Errechnung – Nr. 12

    Höhe des Punktwertes, E-Komponisten, Textdichter – Nr. 10

    Höhe des Punktwertes, U-Musik – Nr. 11

    Vererbung – Nr. 69

Amtsdauer des Aufsichtsrates – Nr. 23

Amtsdauer, Werkausschuß – Nr. 323

Amtsdauer, Wertungsausschüsse – Nr. 333

Anberaumung einer außerordentlichen Mitgliederversammlung der ordentlichen Mitglieder – Nr. 199

Änderung eines Werkes – Nr. 13

Angeschlossenes Mitglied, seine Rechte – Nr. 184, 179

Anmeldepflicht von Pseudonymen bei der GEMA – Nr. 242

Anmeldung von Werken – Nr. 14, 248

Anonyme Werke – Nr. 15

Anregung – Werkidee – Nr. 16
Anschriften der GEMA – Sachgebiete – Nr. 95/96
Anschriften der Rundfunk- und Fernsehanstalten, Anhang – Nr. 366
Anschriften, Verbände – Nr. 367
Anspruch auf Verrechnung und Aufführungen – Nr. 282
Anteile der am Werk beteiligten Bezugsberechtigten – Nr. 17
Aufführungs- und Senderecht, Aufteilung der Ausschüttungen – Nr. 18
Anträge zur Mitgliederversammlung – Nr. 200
Arrangeur – Nr. 31 bis 43
Aufführungs- und Senderecht, Aufteilung der Ausschüttungen in Anteilen – Nr. 18
Aufgaben des Vorstandes der GEMA – Nr. 321
Aufgaben des Programmausschusses, Kontrollfunktion – Nr. 238
Auflösung des Musikverlagsvertrages – Nr. 21
Aufnahmeausschuß der GEMA, Zusammensetzung – Nr. 182
Aufnahmebedingungen für die außerordentliche Mitgliedschaft – Nr. 185
Aufnahmegebühr nach Unterschrift des Berechtigungsvertrages – Nr. 195
Aufsichtsrat – Nr. 19 bis 23
    Aufsichtsratswahl, Voraussetzungen – Nr. 19
    Amtsdauer – Nr. 23
    Aufgaben und Befugnisse – Nr. 22
Aufteilung in der Rundfunkabrechnung – Nr. 24
Aufwendungen für kulturelle und soziale Zwecke – Nr. 25
Ausbildungsbeihilfen, GEMA-Stiftung – Nr. 118
Ausgleichsfonds, Wertung E- und U-Musik – Nr. 356
Auskunft über geschützte oder ungeschützte Werke bei der GEMA – Nr. 34
Ausländische Autoren haben Anspruch auf Inländerbehandlung – Nr. 26
Ausländische Texte in deutschen Übersetzungen im deutschen Rundfunk – Nr. 54
Ausländische Verwertungsgesellschaften (Auswahl) – Nr. 27
Auslandsguthaben – Nr. 26
Aussagen der Kandidaten zur Aufsichtsratswahl – Nr. 202
Ausschluß vom Wertungsverfahren U- und Tanzmusik – Nr. 352
Ausschluß eines außerordentlichen oder ordentlichen Mitglieds – Nr. 192, 193, 194, 357
Ausschußentscheidungen, Einspruchsfristen – Nr. 60

Ausschüttungen und Aufteilungen im Aufführungs- und Senderecht – Nr. 17

Ausschüttungsaufteilung im mechanischen Vervielfältigungsrecht – Nr. 18

Außerordentliches Mitglied – Nr. 185

Außerordentliche Versammlung der ordentlichen Mitglieder, Anberaumung – Nr. 199

Ausübende Berufsmusiker, Bezugsberechtigte Komponisten (GVL) – Nr. 123-130

Auswendig Musizieren – Nr. 28

Auszahlungstermine der GEMA – Nr. 362

AWA – Nr. 29 (wird schon in der DDR versteuert)

B

Background-music – Nr. 91

Bäderveranstaltungen – Nr. 30

Bäderveranstaltungen, Programmverrechnung – Nr. 240

Bearbeiter – Nr. 31-43

    Bearbeiteranteile bei geschützten Originalwerken, U-Musik – Nr. 32

    Bewertung des Gesamtschaffens im Schätzungsverfahren – Nr. 43

    Geschäftsordnung für das Schätzungsverfahren der Bearbeiter – Nr. 37

    Bearbeitung freier Werke im E- und U-Bereich – Nr. 33

    Bearbeitung, Werkauskunft – Nr. 34

    Transponieren, Umschreiben, keine Beteiligung am Verteilungsplan – Nr. 35

    Einführung des Schätzungsverfahrens – Nr. 36

    Beteiligung am Schätzungsverfahren – Nr. 38

    Jahre der Teilnahme am Schätzungsverfahren – Nr. 39

    Keine Beteiligung am Schätzungsverfahren – Nr. 40

    Spezialbearbeitungen – Nr. 42

    Nachweis des beruflichen Könnens – Nr. 37

    Rechtzeitige Einsendung der erforderlichen Unterlagen – Nr. 37

    Bearbeitungen, eigenschöpferische – Nr. 31

    Bearbeitungsgenehmigung – Nr. 32

Bedürftige Komponisten, Textdichter, Unterstützungen – Nr. 118

Beendigung der Mitgliedschaft durch Mindereinnahmen – Nr. 196

Beendigung der Mitgliedschaft, Tod des Mitglieds – Nr. 266

Beendigung der Mitgliedschaft wegen Mißbrauchs – Nr. 192, 193

Befugnisse des Aufsichtsrates – Nr. 22
Beiträge zu Sammlungen, begrenztes Nutzungsrecht – Nr. 44
Beihilfen, GEMA-Sozialkasse – Nr. 105
Beispiel einer Berechnung, Wertung E-Musik – Nr. 349
Beispiel einer Berechnung, Wertung U-Musik – Nr. 350
Berechtigungsvertrag I – Nr. 101, 144, 180
Berechtigungsvertrag II – Nr. 181
Berufsanfänger (KSK) – Nr. 151, 158, 159
Berufsgruppe = Kurie – Nr. 45
Berufsgruppenversammlung (Kurie) – Nr. 45, 202, 205
Berufsgruppenzugehörigkeit bei der GEMA – Nr. 45
Beschluß, eine GEMA-Sozialkasse ins Leben zu rufen – Nr. 103
Beschwerdeausschuß – Nr. 46
Beschwerdeweg, Wertung E- und U-Musik – Nr. 60, 353
Besucherzahl bei den alljährlichen Mitgliederversammlungen – Nr. 205
Beteiligungsquoten der Berufsgruppen am GEMA-Repertoire
(1985) – Nr. 47
Beteiligungsverhältnis, Aufkommen 1987 – Nr. 48
Bewertung der verschiedenen Rundfunk- und Fernsehanstalten – Nr. 76
Bewertung des Gesamtschaffens im Schätzungsverfahren – Nr. 43
Bewertung des Gesamtschaffens in der E-Musik – Nr. 340
Bewertung des Gesamtschaffens in der U-Musik – Nr. 343
Bezirksdirektion der GEMA in der Bundesrepublik – Nr. 98
Bibliothekstantiemen, Beteiligungsverhältnis – Nr. 49
Bühnenmusik, Nettoeinzelverrechnung
(Kleines Recht) – Nr. 136, 298, 299
Bühnenverleger, Fernsehsendungen – Nr. 303

C

Chansons, Verrechnung – Nr. 50, 296
Chansons, höhere Einstufung auf Antrag – Nr. 50
Chorwerke, Verrechnung – Nr. 295
CISAC – Nr. 51

D

Darlehen von der GEMA – Nr. 52
Datenbank-System (GEMA) – Nr. 94
Dauer des Urheberrechts in der Bundesrepublik Deutschland – Nr. 53
DDR-Guthaben – Nr. 29

Deckname, Pseudonym – Nr. 243

Delegierte der außerordentlichen und angeschlossenen Mitglieder, Reisekostenerstattung – Nr. 207

Delegierte der außerordentlichen und angeschlossenen Mitglieder – Neuwahl alle zwei Jahre, jeweils ein Jahr nach der Aufsichtsratswahl – Nr. 207

Deutsche Autoren, Verrechnung im Ausland – Nr. 26

Deutsche Fassungen ausländischer Texte im deutschen Rundfunk – Nr. 54

Deutscher Musikrat – Nr. 219

Deutsches Patentamt – Nr. 234

Deutsche Welle, Verrechnung – Nr. 55

Diskussion strittiger Fragen bei Anträgen in der Mitgliederversammlung – Nr. 203

Dramatiker-Union – Nr. 367

Druckbearbeiter, Anspruch auf Beteiligung – Nr. 56

Drucklegung, Unterlassung – Nr. 57

E

Editionszuschüsse für zeitgenössische Musik – Nr. 118

Ehrenmitglied der GEMA – Nr. 58

Ehrenring der GEMA – Nr. 99

Eigene Konzerte von GEMA-Mitgliedern – Nr. 59

Ein-Drittel-Klausel, Alterssicherung – Nr. 12

Einflußnahme auf Programme – Nr. 239

Einführung des Schätzungsverfahrens der Bearbeiter – Nr. 36

Einkommensteuererklärung, absetzbare Beträge – Nr. 2

Einmalige Unterstützung für ordentliche Mitglieder der GEMA-Sozialkasse – Nr. 110

Einmalige Verrechnung, Rundfunkprogramme – Nr. 76

Einreichung von Anträgen für die ordentliche Mitgliederversammlung, Termin – Nr. 200

Einseitige Bevorzugung von Bezugsberechtigten, keine Verrechnung – Nr. 239

Einspruchsfristen bei Abrechnungen und Entscheidungen des Aufsichtsrates und der Ausschüsse – Nr. 60

Einspruch bei falscher Werkregistrierung – Nr. 61

Einzelaufstellungen der Werke – Nr. 62

Einzelaufstellung der Werke – Berechnung der Kosten – Nr. 63

E-Komponisten, Alterssicherung – Nr. 5, 9

Elektronische Musik – Nr. 64

Elektronische Musik, nicht herkömmliche Notation,
Verrechnung – Nr. 64, 297

Elektronische Speicherung aller GEMA-Registrierungen – Nr. 94

Entscheidungen des Aufsichtsrates und der Ausschüsse – Einspruchsfristen – Nr. 60

Entlastung des Vorstandes und Aufsichtsrates – Nr. 65

Erben des Urhebers – Nr. 66-73

    Vererbung des Urheberrechts – Nr. 66

    Rechtsnachfolger des Urhebers – Nr. 67

    Nachweis der Erbberechtigung – Nr. 68

    Vererbung der Alterssicherung – Nr. 69

    Vererbung der Bearbeiterschätzung – Nr. 70

    Vererbung des Wertungsanteils E-Musik – Nr. 71

    Vererbung des Wertungsanteils U-Musik – Nr. 72

    Vererbung des Wertungsanteils Textdichter – Nr. 73

Erfassung von Programmen – Nr. 238, 239

Erkennungsmotive, Tonsignete – Nr. 272

Ermittlung der Abrechnungsziffern der Werke – Nr. 74

Ermittlung von Aufführungen im Ton- und Fernsehrundfunk – Nr. 76

    Regionale – subregionale – und Stadtsender

    Verrechnung – Nr. 77-84

    Fernsehen – Nr. 85-87

Ermittlung der von Musikverwertern nicht gemeldeten Werke – Nr. 75

Errechnung, Alterssicherung – Nr. 12

Erwerb der ordentlichen Mitgliedschaft – Nr. 187

Evergreens der Tanzmusik und Standardwerke der Unterhaltungsmusik, Voraussetzung – Nr. 88

F

Falsche Angaben – Nr. 239

Falsche Angaben bei Werkanmeldungen etc. – Nr. 361

Fernsehsendungen, Ausschüttungsaufteilung – Nr. 18

Fernsehsendungen, Verrechnung an den Bühnenverleger – Nr. 303

Fernsehsendungen, Verteilungsschlüssel – Nr. 302

Fernsehsendungen, Werbespots Koeffizient 3 – Nr. 304, 18

Förderungspreise und Stipendien, steuerfrei? – Nr. 89

Freie Benutzung – Nr. 90

Funktionelle Musik – Nr. 91

G

Gastwirtshaftung – Nr. 92
GEMA-Besuchszeiten – Nr. 93
GEMA-Organisationsplan
    Berlin – Nr. 95
    München – Nr. 96
    Vertretung in Bonn – Nr. 97
GEMA-Bezirksdirektionen auf Außenstellen – Nr. 98
GEMA-Datenbank-System – Nr. 94
GEMA-Ehrenring – Nr. 99
GEMA-Geschäftsordnungen – Nr. 100
GEMA-Satzung – Nr. 101
GEMA-Sozialkasse, Inanspruchnahme – Nr. 102-117
    Beschluß, eine Sozialkasse ins Leben zu rufen – Nr. 103
    Satzungsthemen – Nr. 104
    Leistungen – Nr. 105
    Aufbau der Kasse – Nr. 106
    Verteilung der Mittel – Nr. 107
    Voraussetzung für einmalige oder wiederkehrende Leistungen – Nr. 108
    Voraussetzung für die Zahlung eines Sterbegeldes – Nr. 109
    Voraussetzung für einmalige oder wiederkehrende Leistungen an die Witwe oder an minderjährige Waisenkinder – Nr. 110
    Höhe der wiederkehrenden Leistungen
        1. für das Mitglied – Nr. 111
        2. für die Witwe – Nr. 112
    Höhe des Sterbegeldes – Nr. 113
    Höhe der einmaligen Leistungen – Nr. 114
    Beginn und Beendigung von Leistungen – Nr. 115
    Beitrag zur Krankenversicherung – Nr. 116
    Erläuterung und Beispiele – Nr. 117
GEMA-Stiftung – Nr. 118
GEMA-Versammlungsordnung
    Kurienversammlung – Nr. 119
    Hauptversammlung – Nr. 120
GEMA-Vertretung in Bonn – Nr. 97
Generalbaßaussetzungen – Nr. 121, 135
Geschlossene Veranstaltungen – Nr. 122
Gesellschaft zur Verwertung von Leistungsschutzrechten (GVL) – Nr. 123-130

Gewählte Kandidaten des Aufsichtsrates, Zustimmung aller Berufsgruppen – Nr. 202

Gleichheit bürgerlicher Namen – Nr. 131

Große Rechte – Nr. 132

Großes Recht, kleines Recht – Nr. 132, 136, 215, 216

Günstigstes Jahr der Errechnung der Alterssicherung – Nr. 12

GVL – Nr. 123-130

GVL – Zuwendungen an ältere Künstler in Härtefällen – Nr. 129

Gruppenüberprüfung, Wertung E- und U-Musik – Nr. 345

H

Härtefälle, Wertung – Nr. 356

Happenings etc., Verrechnung – Nr. 298, 299

Hauskonzerte – Nr. 298

Hintergrundmusik – Nr. 91

Hörfunk, dramatisch-musikalische Werke, kleines Recht – Nr. 216

Hörfunk, Verrechnung – Nr. 295

I/J

Idee für ein Werk – Nr. 16

Improvisationen, Verrechnung – Nr. 298, 299

Industrie-Tonträger, Verrechnung – Nr. 298, 299

Inhalt der GEMA-Satzung – Nr. 101

Interpreten – Nr. 123-130 (GVL)

Interessenverband Deutscher Komponisten (IDK) – Nr. 133

Interpreten eigener Werke – Nr. 138

Jährliche Ausschüttung an Interpreten, GVL – Nr. 125

K

Kabarett – Varieté, Aufführungen, Verrechnung – Nr. 296

Kadenz – Nr. 134

Keine Abrechnung von Programmen – Nr. 240

Keine Änderung eines Werkes ohne Einwilligung des Urhebers – Nr. 13

Keine Auszahlung an Erben ohne Nachweis – Nr. 68

Keine finanzielle Benachteiligung des Autors bei der Verlagsverlegung ins Ausland – Nr. 280

Keine Kündigung eines ordentlichen Mitgliedes – Nr. 191

Keine Teilnahmeberechtigung (Wertung) im mechanischen Recht (VR) – Nr. 358

Keine Verteilung im mechanischen Vervielfältigungsrecht bei zu geringen Einnahmen – Nr. 176

Keine Vertonungsfreiheit geschützter Gedichte – Nr. 309

Keine Zahlungen von der GEMA bei Streitigkeiten – Nr. 262

Kirchenmusik, Verrechnung – Nr. 298

Klausurarbeit zur Erlangung der außerordentlichen Mitgliedschaft – Nr. 185, 186

Klavierauszüge, Bearbeitung – Nr. 135

Kleines Recht – Nr. 136

Kleines Recht, dramatisch-musikalische Werke (Hörfunk, Fernsehen) – Nr. 216

Kommissionsabzug im mechanischen Vervielfältigungsrecht – Nr. 137

Komponisten als Interpreten eigener Werke – Nr. 138

Kompositionspreise, einkommensteuerpflichtig? – Nr. 139

Kompositionsaufträge (GEMA-Stiftung) – Nr. 118

Kompositionswettbewerbe Bundesrepublik (Auswahl) – Nr. 140

Kontoauszug – Abkürzungen, Zahlungstermine – Nr. 1, 142, 362

Kontoauszug, absetzbare Beträge – Nr. 2

Kontrollfunktion des Programmausschusses – Nr. 238

Konzert des Deutschen Musikrates – Nr. 220-225

Konventionalstrafe bei rechtswidrigem Vermögensvorteil (falsche Angaben) – Nr. 192

Konventionalstrafe bei Verstoß gegen die Satzung und das Vereinsinteresse – Nr. 101

Kooptation, Voraussetzung – Nr. 190

Kooptation = Zuwahl – Nr. 189

Krankenkassenzuschuß, GEMA-Sozialkasse – Nr. 116

Künstlersozialkasse/Krankengeld – Nr. 167 ff

KSK – Künstlersozialversicherung – Nr. 145 ff

Kreditaufnahme bei der GEMA – Nr. 143, 52

Kündigung des Berechtigungsvertrages der GEMA, Frist – Nr. 144

Künstlerische Bedeutung (I) Wertung U-Musik – Nr. 343

Künstlerische Persönlichkeit, Wertung E-Musik, Stufeneinteilung (H) – Nr. 340

Künstlersozialversicherung (KSK) – Nr. 145-173

Kulturelle und soziale Zwecke, Aufwendungen bei der GEMA – Nr. 25

Kultur- und Kompositionspreise, Wertung E- und U-Musik – Nr. 344

Kurie = Berufsgruppe – Nr. 45

Kurienversammlung – Nr. 203

Kurveranstaltung – Nr. 30

M

Manuskripte der Tanzmusik, unverlegt – Nr. 296
Mechanische Aufführungen, Verteilung – Nr. 174, 290, 299
Mechanisches Vervielfältigungsrecht – Nr. 175
    Verlegeranteile – Nr. 177
    Verteilungsplan – Nr. 178
Mitgliederversammlung – Nr. 198
    Außerplanmäßige – Nr. 199
    Besucherzahl – Nr. 205
    Termin und Einladung – Nr. 198
    Vermittlungsausschuß – Nr. 203
Mitgliedschaft in der GEMA – Nr. 179-207
    Mitgliedschaftsformen – Nr. 184, 185, 187
    Ausschluß eines ordentlichen oder außerordentlichen Mitgliedes wegen Mißbrauch – Nr. 192, 193
    Ausschluß eines ordentlichen oder außerordentlichen Mitgliedes – seine Rechte – Nr. 194
Mitgliederzahl der GEMA 1988 – Nr. 206
Miturheber, Verjährungsfrist – Nr. 208
Musikdramatische Werke (Gr. Recht, abendfüllend) – Nr. 209
    Fernsehen – Nr. 210, 211, 212
    Hörfunk – 213, 214
    Anmeldebogen für ein musikdramatisches Werk – Nr. 215
    Sendungen musikdramatischer Werke als kleines Recht – Nr. 216
    Fernsehen, Vergütung – Nr. 210, 211
    Fernsehen, Materialleihgebühr – Nr. 212
    Hörfunk, Entgelte mit Materialleihgebühr – Nr. 213, 214
Musikfonds für Musikurheber – Nr. 217
Musik im Gottesdienst, Netto-Einzelverrechnung – Nr. 298
Musik in Wirtschaftsfilmen, Netto-Einzelverrechnung – Nr. 298
Musikkorps der Bundeswehr – Nr. 218
Musikrat, deutscher – Nr. 219
    Förderungsprojekt des Deutschen Musikrates – Nr. 220-225
Musikverlagsverträge
    E-Musikverlagsvertrag – Nr. 226, 227
    U-Musikverlagsvertrag – Nr. 228
    Vorbehalte bei Übersendungen von Werken – Nr. 227, 172

N

Nachgelassenes Werk – Nr. 229
Nachträglich unterlegte Texte – Nr. 230
Nachweis der Erbberechtigung – Nr. 68
Namensgleichheit, Änderung durch Zusätze – Nr. 131
Netto-Einzelverrechnung – Nr. 298
Neues Urheberrecht – Nr. 231
Neuwahl der Delegierten – Nr. 207
Nichtverrechnung, Reklamation – Nr. 61, 250
Nochmalige Abstimmung, strittige Fragen – Nr. 203, 204
Notenleihmaterial, Entgelte Rundfunkanstalten – Nr. 232

O

Operetteneinlagen, kleines Recht – Nr. 216
Opernpotpourris, Verrechnung – Nr. 306
Ordentliche Mitgliedschaft, Alterssicherung – Nr. 4
    Erwerb derselben – Nr. 187
    Rechte – Nr. 188
Originalwerke der U-Musik, Bearbeiteranteile – Nr. 32
Ouvertüren, U-Musik, Verrechnung – Nr. 296

P

Parodien, Zustimmung des Urhebers zur Veröffentlichung und Verwertung – Nr. 233
Patentamt, Deutsches – Nr. 234, 235
    Anschrift: Anhang – Nr. 368
Pausenmusik, Fernsehen, Verrechnung – Nr. 304
Phono – GEMA, Firmen – Nr. 236
    – Einzelaufstellungen
Plagiat, geistiger Diebstahl – Nr. 237
Potpourris, Verrechnung und Verteilung – Nr. 306
Private Rundfunk- und Fernsehsendungen, Abrechnung – Nr. 87
Programmausschuß, Aufsichtsratsmitglieder – Nr. 238
Programme, Eingang nach Abschluß eines Geschäftsjahres – Nr. 240
Programm- und Aufführungserfassung – Nr. 239
Programm-Verwertung – Nr. 240
Programm-Verwertung, Bäderveranstaltungen – Nr. 240
Prüfungspflicht, Musikverlage – Nr. 241
Pseudonyme, Anmeldepflicht bei der GEMA – Nr. 242

Pseudonyme, Gebühr – Nr. 242, 2
   (absetzbar bei der Einkommensteuer)
Pseudonyme, nicht kostenfrei – Nr. 242
Pseudonyme Werke – Nr. 243 (gemäß UrhG § 66)
Pseudonyme, Zahl unbegrenzt – Nr. 243
Punktbewertung E-Musik mit Rundfunk – Nr. 295
Punktbewertung U-Musik mit Rundfunk – Nr. 296
Punktwerte, Alterssicherung – Nr. 10
Punktzahlen, Wertungszuschläge, Wertung U-Musik – Nr. 339
Punktzahlerrechnung, Wertung U-Musik – Nr. 341

Q

Qualifizierte Mehrheit, Aufsichtsratswahl (50 % der Anwesenden müssen mit Ja stimmen) – Nr. 19
Quellenangabe bei Benutzung oder Vervielfältigung fremder Werke – Nr. 244
Querschnitt von dramatisch-musikalischen Werken – Nr. 136

R

Rapsodien, U-Musik, Verrechnung – Nr. 296
Rechte der angeschlossenen Mitglieder – Nr. 184
Rechte der außerordentlichen Mitglieder – Nr. 185, 186
Rechte der ordentlichen Mitglieder – Nr. 188
Rechtsnachfolger des Urhebers – Nr. 245–247
Rechtzeitige Anmeldung der Werke – Nr. 248
Refrain eines Schlagers, rechtswidrige Benutzung – Nr. 249
Registrierung von Werken in der GEMA – Nr. 94
Reisekosten-Vergütung für Delegierte – Nr. 207
Reklamationen über nicht verrechnete Aufführungen im E- und U-Sektor (Einspruchsfrist 6 Monate) – Nr. 250
Revue-Einlagen – Nr. 136
Rückrufrecht von Musikverlagsverträgen – Nr. 251
Rundfunkabrechnung, Aufteilung – Nr. 24
Rundfunk- und Fernsehsendungen private, Verrechnung – Nr. 87
Rundfunkanstalten, Anschriften, Anhang – Nr. 366
Rundfunk – Fernsehen VR, keine Wertung – Nr. 358
Rundfunkwerbung – Nr. 307

S

Sachgebiete der GEMA-Verwaltung Berlin – Nr. 95
  München – Nr. 96
Sammelwerke, geschützte – Nr. 252
Satzungen der GEMA (auszugsweise) – Nr. 253
Satzungsänderung, nur bei Zweidrittelmehrheit innerhalb der einzelnen Berufsgruppen – Nr. 204
Satzungsthemen der GEMA-Sozialkasse – Nr. 104
Senderecht, Aufteilung – Nr. 24
Senderecht, Verrechnung – Nr. 284
Sendungen musikdramatischer Werke
  Fernsehen, Gr. Recht – Nr. 209/210
  Fernsehen, Kl. Recht – Nr. 216
Sendungen musikdramatischer Werke
  Hörfunk, Gr. Recht – Nr. 213, 214, 215
  Hörfunk, Kl. Recht – Nr. 216
SK – Sonderkonto – Nr. 254
Sozialkasse der GEMA – Nr. 102-117
Sparten, Verteilungsplan/Verrechnung – Nr. 284
Spezialbearbeitungen geschützter Werke – Nr. 42
Spezialbearbeitungen, Schätzungsverfahren – Nr. 42
Spieldauer, variable – Nr. 297
Subtextierung, Wahl eines anderen Textes durch den Verleger – Nr. 265
Subverlag, Grundbestimmungen – Nr. 255
Subverlag, Verteilungsgrundsatz – Nr. 256
Suitensätze – U-Musik/Verrechnung – Nr. 296

SCH

Schadenersatz bei rechtswidriger Benutzung eines Schlagers – Nr. 249
Schätzungsverfahren der Bearbeiter, Einführung – Nr. 36
Schätzungsverfahren der Bearbeiter, Vererbung – Nr. 73
Schallplatten, mechanisches Recht (VR), Anteile – Nr. 18
Schallplatten (VR), keine Wertung – Nr. 358
Schiedsgericht-GEMA, Streitigkeiten mit der GEMA oder zwischen Mitgliedern – Nr. 257
Schlichtungsausschuß-GEMA, Antrag streitender Parteien, Einigungsversuch – Nr. 258
Schlichtungsausschuß, keine Einigung – Nr. 258
Schutzfristen anderer Staaten, Auswahl – Nr. 259

ST

Standardwerke der U-Musik, Aufnahme in den GEMA-Katalog, Voraussetzung – Nr. 88, 354

Sterbegeld, Antragsfrist 6 Wochen, an Hinterbliebene eines ordentlichen Mitgliedes, Nachweis der Rechtsnachfolge – Nr. 109, 113

Steuer-Hinweise – Nr. 260

Stiftung der GEMA, Satzung – Nr. 118

Stimmberechtigung bei der Mitgliederversammlung – Nr. 187

Stipendien, steuerfrei? – Nr. 89

Strauss-Medaille – Nr. 261

Streitigkeiten mehrerer Urheber, keine Zahlungen von der GEMA – Nr. 262

T

Tanzmusik, Verrechnung – Nr. 296

Tarifausschuß der GEMA – Nr. 263

Teilnahmeberechtigung an der ordentlichen Mitgliederversammlung – Nr. 187, 188, 207

Termin für die Einreichung von Anträgen zur ordentlichen Mitgliederversammlung – Nr. 200

Testament – Nr. 68

Textdichter-Anteil auch ungesungen, ist zu verrechnen – Nr. 264

Texte, nachträglich unterlegt – Nr. 230

Textierung subverlegter Werke, Anteil – Nr. 265

Titeländerung eines Werkes – Nr. 13

Tod eines GEMA-Mitgliedes – Nr. 266

Tonbandkassetten (VR), keine Wertung – Nr. 358

Tonfilm – Nr. 267, 271, 305

Tonfilm, Verrechnungsschlüssel und Verteilung – Nr. 305

Tonsignete, Erkennungsmotive – Nr. 272

Tonsignete, Verrechnung – Nr. 272, 296, 304

Tonträger, mechanische Rechte (VR) – Nr. 273

Transskriptionen, Variationen, Zustimmung des Urhebers – Nr. 274

Transponieren, Umschreiben, keine Beteiligung am Verteilungsplan – Nr. 35

U

Übernahmesendungen, Verrechnung – Nr. 76

Übertragung des Urheberrechtes – Nr. 275

Umsätze bis zu DM 2,– pro Werk, unverteilbar – Nr. 276

Unkostenbeitrag der GEMA – Nr. 277
Unterlassung der Drucklegung – Nr. 57
Urheberbezeichnung gleicher Namen – Nr. 131
Urheberrechtsdauer Bundesrepublik Deutschland – Nr. 53
→ Schutzfristen anderer Staaten – Nr. 259
Urheberrechtsübertragung – Nr. 275
Urheberrecht, Vererbung – Nr. 66
Unterscheidung der einzelnen Sparten – Nr. 284
Unterstützung bedürftiger Mitglieder – Nr. 108

V

Variationen, Thema eines geschützten Werkes – Nr. 274
Varieté-Aufführungen (VK)/Verrechnung etc. – Nr. 47, 284, 287, 288, 296, 306
Veranstaltungen, geschlossene – Nr. 122
Vererbung
    der Alterssicherung – Nr. 69
    der Bearbeiterschätzung – Nr. 70
    des Urheberrechts – Nr. 66
    des Wertungsanteiles E-Musik – Nr. 71
    des Wertungsanteiles Textdichter-Sparte E – Nr. 332
    des Wertungsanteiles U-Musik – Nr. 72
Vergütung für Nutzung beim Hörfunk und beim Fernsehrundfunk (ARD und ZDF)
    a) nicht kommerziell – Nr. 278
    b) kommerziell – Nr. 279
Verjährungsfrist, Mit-Urheber – Nr. 208
Verlagsverlegung ins Ausland – Nr. 280
Verlegeranteile – Nr. 177
Verleger, Werkanmeldung – Nr. 322
Verlust der ordentlichen Mitgliedschaft – Nr. 281
Veröffentlichung, nachgelassenes Werk – Nr. 229
Verrechnung AWA-GEMA – Nr. 29
Verrechnung, Deutsche Welle – Nr. 55
    Fernsehsendungen an den Bühnenverleger – Nr. 303
    Radio Freies Europa – Nr. 76
Verrechnung/Verteilung – Nr. 282-307
    Art und Weise der Verrechnung – Nr. 286-294
    Netto-Einzelverrechnung (Beispiel einer Verrechnung mech. VIII. 4 d) – Nr. 298, 299

Potpourris – Nr. 306

Unterscheidung der einzelnen Sparten – Nr. 284

Verrechnungsschlüssel nach XII – Nr. 297

Verrechnungsschlüssel E-Musik mit Rundfunk – Nr. 295

Verrechnungsschlüssel Tonfilm – Nr. 305

Verrechnungsschlüssel U-Musik mit Rundfunk – Nr. 296

Werbespots – Nr. 304

ZDF-Sendungen – Nr. 74

Verrechnungsschlüssel Abschnitte X-XIII – Nr. 300

Verteilung für Aufführungen mittels mechanischer Vorrichtungen – Nr. 301

Verteilungsschlüssel für Fernsehsendungen – Nr. 302

Verrechnung von Fernsehsendungen an den Bühnenverleger – Nr. 303

Versammlung der außerordentlichen und angeschlossenen Mitglieder – Nr. 207

Versäumte Werkanmeldungen – Nr. 322

Verspäteter Eingang von Programmen – Nr. 240

Verteilungsplan-Kommission – Nr. 308

Verteilungsplan mechanisches Vervielfältigungsrecht (VR) – Nr. 18

Verteilungssumme für soziale und kulturelle Zwecke – Nr. 25

Vertonungsfreiheit – Nr. 309

Verwertungsgesellschaften, ausländische, Auswahl – Nr. 27

VG Musikedition – Nr. 310

Verwertungsgesellschaften, Inland – Nr. 311

Verwertungsgesellschaft WORT (VG Wort) – Nr. 312-319

Vorschußzahlungen der GEMA, keine Zinsbelastung – Nr. 320

Vorstand der GEMA – Nr. 321

Vorstand, Entlastung – Nr. 321

W

Wahl der Delegierten – Versammlung der außerordentlichen und angeschlossenen Mitglieder – Nr. 207

Wahl des Aufsichtsrates, getrennt nach Berufsgruppen (Kurien) am Vortag der Mitgliederversammlung – Nr. 19

Wahrung der Interessen von Berechtigten, die nicht Mitglieder der GEMA sind, durch Zessionare – Nr. 363

Werbesendungen, Verrechnung, Rundfunk (ARD, ZDF) – Nr. 296

    Fernsehen (ARD, ZDF) – Nr. 304

Werkausschuß, Amtsdauer – Nr. 323

Werkanmeldung durch die Verleger – Nr. 322

Werkausschuß, Geschäftsordnung – Nr. 323

Werke, die nur aus einer Spielanweisung bestehen (Netto-Einzelverrechnung) – Nr. 298, 299

Werke, Wiedergabe von Werken der E-Musik mittels mechanischer Vorrichtungen (Einzelverrechnung) – Nr. 298, 299

Werkdokumentation I in GEMA-Datenbank
    Anmeldebogen für Originalwerke – Beispiel – Nr. 324

Werkdokumentation II in GEMA-Datenbank
    Anmeldebogen bei Subverlagswerken – Beispiel – Nr. 325

Werkdokumentation I und II – Bedeutung der Abkürzungen – Nr. 326

Wertung (Historisches) – Nr. 327

Wertungsverfahren – Nr. 328-359

Wertungsverfahren, Beteiligungsverhältnis – Nr. 329

Wertungsverfahren
    Wertung U-Musik, Einführung – Nr. 328
    Ausgleichsfonds in allen Sparten – Nr. 356

E-Musik

Beispiel einer Berechnung – Nr. 349

Geschäftsordnung – Nr. 330

Geschäftsordnung für das Wertungsverfahren der Textdichter Sparte E – Nr. 332

Teilnahmeberechtigung – Nr. 335

Gruppeneinteilung – Nr. 337

Punkte-Errechnung – Nr. 338

Künstlerische Bedeutung, Stufeneinteilung – Nr. 340

E-Musik, Limit – Nr. 347

In welcher Gruppe wird man gewertet? – Nr. 334

Wertung U-Musik

Beispiel einer Berechnung – Nr. 350

Evergreens – Nr. 355

Geschäftsordnung – Nr. 331

Gruppeneinteilung – Nr. 339

Teilnahmeberechtigung – Nr. 336

Limit – Nr. 348

Künstlerische Bedeutung – Nr. 343

Punktzahlen – Nr. 339

Punktzahlerrechnung – Nr. 341

Standardwerke – Nr. 354
Teilnahmeberechtigung – Nr. 336
Wann Ausschluß vom Wertungsverfahren? – Nr. 352
Amtsdauer, Wertungsausschüsse – Nr. 333
Aufsichtsrat- und Vorstandsteilnahme – Nr. 351
Beschwerdeweg – Nr. 353
Höhe der Wertungsmark – Nr. 359
Kultur- und Kompositionspreise – Nr. 344
Laufende Überprüfung der Gruppen – Nr. 345
Verbleib in einer höheren Gruppe – Nr. 346
Wertungsausschüsse – Nr. 333
Beteiligungsverhältnis – Nr. 329
Mißbrauch, keine Beteiligung – Nr. 357
Mechanisches Vervielfältigungsrecht, keine Beteiligung – Nr. 358
Beratende Mitwirkung von Delegierten im Wertungsausschuß, sofern angeschlossene oder außerordentliche Mitglieder behandelt werden – Nr. 207
Wiedergabe von Werken mittels mechanischer Vorrichtungen – Nr. 298
Wirtschaftsausschuß – Nr. 360
Wissentlich falsche Angaben – Nr. 361

Z

Zahlungen der Rundfunk- und Fernsehanstalten für Benutzung des GEMA-Repertoires – Nr. 278, 279
Zahlungen der GEMA, Vorschuß – Nr. 320
Zahlungstermine der GEMA (Beispiel 1989) – Nr. 362
ZDF-Sendungen, Verrechnung wie Gemeinschaftsprogramm der ARD-Anstalten – Nr. 76
Zessionen – Nr. 363
Zitate, Zulässigkeit – Nr. 364
Zuschläge für U-Musik – Nr. 7
Anhang
    Literaturverzeichnis – Nr. 365
    Anschriften, Rundfunk- und Fernsehanstalten – Nr. 366
    Anschriften, Verbände – Nr. 367
    Anschriften, Verwertungsgesellschaften – Nr. 369
    Behörde – Nr. 368

Franz Josef Breuer zum Erscheinen der 1. Auflage:

Die GEMA – als Inkassogesellschaft aller ihr angeschlossenen Komponisten, Musikbearbeiter und Textdichter – muß nicht ein undurchsichtiger und unpersönlicher Wohltäter ihrer Mitglieder sein. Daß sie es bisher für viele war, haben sich die Komponisten und Autoren meist selbst zuzuschreiben. Sie hielten es oft für Zeitverschwendung, sich mit den meist kompliziert und nach juristischen Gesichtspunkten ausgearbeiteten Satzungen und Verteilungsplänen zu befassen.

Gustav Kneip hat mit seiner Veröffentlichung eine Lücke geschlossen. Hier erscheint mir dieser Ausdruck, der so viel mißbraucht wird, wirklich angebracht. In seinem „Urheber ABC" findet jeder Interessierte kurze und allgemeinverständliche Antworten auf fast alle Fragen. Vergessen wir nicht, daß zu den „Interessierten" in zahlreichen Fällen auch die Witwen und Erben gehören.

Hätte es ein solches Buch schon früher gegeben, wäre es für Komponisten, Bearbeiter und Autoren leichter gewesen, sich zusammenzuschließen, um viele ungenutzte Möglichkeiten des Deutschen Urheberrechtes auszuschöpfen. Sie hätten auch früher erkennen können, daß es Kreise gibt, die an solcher Klarheit auch heute noch kein Interesse haben.